W0195813

KNAUR✳

ANNA FUNCK

HEUTE NICHT!

Wer gute Ausreden hat, braucht
kein schlechtes Gewissen

Besuchen Sie uns im Internet:
www.knaur.de

Originalausgabe Februar 2020
Knaur Taschenbuch
Ein Imprint der Verlagsgruppe Droemer Knaur GmbH & Co. KG, München
Alle Rechte vorbehalten. Das Werk darf – auch teilweise – nur mit
Genehmigung des Verlags wiedergegeben werden.
Covergestaltung: Isabella Materne
Coverabbildung: Shutterstock / Vitaly Grin
Satz: Adobe InDesign im Verlag
Druck und Bindung: CPI books GmbH, Leck
ISBN 978-3-426-78979-7

2   4   5   3   1

»Ein kluges Pferd springt nur so hoch, wie es muss.«

Verfasser unbekannt, Lieblingszitat von Johanna

Für Johanna, die es nie leid ist, mit mir über Romantik, das diffuse Zeitgefühl und »heute nicht« zu sinnieren.

Inhalt

Mein Kopf und ich

Mein Herz und ich

Die Anderen und ich

Mein Innerstes und ich

Meine Familie und ich

Meine Freunde und Bekannten und ich

Mein Job und ich

Der Haushalt und ich

Die letzten Seiten

Mein Kopf und ich

Heute nicht: anfangen

Eigentlich wollte ich heute anfangen zu schreiben. Aber dann hab ich es auf morgen verschoben. Sorry.

Heute nicht: den inneren Schweinehund domestizieren

Da sitze ich an meinem Laptop und bin bereit, anzufangen. Und dann schreibt mir meine Freundin Verena, glücklich verheiratet, zwei Kinder, eine WhatsApp-Nachricht, dass ihr Lover einen Lover habe. Ob sie die Affäre beenden solle. Und meine Freundin Johanna, verheiratet, glücklich kinderlos, dass sie die Kinderwunschfrage nicht mehr ertragen könne und jetzt immer antworte: »Wir würden ja gerne, aber ich habe einen Penis.«

Das hat beides Ablenkungspotenzial, finden Sie nicht? Und ich schreibe schon wieder nicht – dafür tippe ich mein Smartphone-Display wund. Außerdem entdecke ich diese kleine, feine Staubschicht. Sie wissen schon: die im hinteren Schreibtischdrittel, das man beim Putzen immer lieblos links liegen lässt. Da steht bei vielen Menschen ein Drucker, oft schlängeln sich Kabel, oder es wuchert ein Stapel schon fast beleidigter Zeitschriften-Briefe-Rechnungen-Quittungen.

Im Anschluss klebe ich am Kühlschrank. Da war noch Schokolade drin! Die mit den Nüssen!

Aber jetzt muss ich wirklich mal loslegen. Ich denke, es wird Zeit, sich dem inneren Schweinehund zu widmen. Warum? Ganz einfach: Der ist ein possierliches Tierchen. Und der will wirklich nur spielen. Oder uns vor unangenehmen Emotionen bewahren. Oder vor oxidativem Stress, der macht nämlich hässlich und ist langfristig tödlich. Immer ist das Credo: Der muss weg! Überwinden sollen wir den. Loswerden. Wegscheuchen. Platz soll er machen. Im stillen Körbchen sitzen.

Und heute sitze ich hier vor meinem Laptop und sage Ihnen: Das ist ein Fehler. *Wieso denkst du das?*, leuchtet mein Handy kurze Zeit später auf – meine Freundin Inke, die mit Sicher-

heit gerade wieder zum fünften Mal die Waschbecken auswischt. Ich hab diese kleine Erkenntnis nämlich gleich mal ein paar viel zu disziplinierten Freundinnen geschickt. *Ganz einfach,* tippe ich zurück: *Wir müssen ihn einfach an die Schnappleine legen. Mal ranziehen, mal laufen lassen. Und auch mal hinter den Schweineohren kraulen. So einfach ist das. Gilt auch für innere Zwänge, Konventionen und alle anderen komischen Spielregeln des Lebens, die wir uns so auferlegt haben.*
Und da mache ich einfach nicht mehr mit. Ab heute gilt: heute nicht. Und damit fange ich sofort an.

Heute nicht: der Perfektion nachjagen

Wenn ich etwas mache, dann richtig. Dafür bin ich bekannt. Mein Mann Jenz schaut mir gerade grinsend über die Schulter. Das gilt nämlich besonders für mit ihm zu teilende Popcornschüsseln, Eisbecher oder Schokoladentafeln: Meistens kriegt er nicht mehr viel ab. Halbe Sachen sind nicht so mein Ding. Deshalb knöpfe ich mir meinen Perfektionismus auch nicht einfach so vor, sondern mache das ganz professionell. Habe ein Seminar gebucht. Finden Sie albern? Kann ich im ersten Moment verstehen. Aber wissen Sie was? Habe beschlossen, dass mir das egal ist. Ich rechtfertige mich nicht. Heute nicht.

Wie es dazu kam? Rückblick: Beim Einkaufen lief mir Silke über den Weg. Typ: Ich bin total gestresst von meinem Leben, aber mache Yoga, weil das hip ist und dagegen helfen soll. Jetzt bin ich gestresst von den Yogakurszeiten, aber das merkt bestimmt keiner.

»Hallo, Anna!«

»Silke, wie geht's dir?«

»Wunderbar! Ich habe aufgehört, mich über die inkompetente Mathelehrerin und das Hipster-Bürschchen von Religionslehrer meiner beiden Großen zu ärgern!«

»Das ist ja super. Wie hast du das geschafft?«

Man muss dazu sagen: Silke hatte derartige Wutanfälle, was eben genannte Personen angeht, dass man wirklich dachte, sie würde dem Hipster-Lehrer die Bartfussel abreißen. Oder der Mathelehrerin, die aussieht, als würde sie selber noch in die picklige Mittelstufe gehen, mit ihrem Kitten-Heel-Absatz die Chucks punktieren.

»Diese Kinder wollen Lehrer sein!«, hatte sie mich jedes Mal wutschnaubend vor dem Schultor begrüßt. »Unsicher und verpeilt sind die. Und dann wundern die sich, wenn meine Jungs die nicht ernst nehmen! Selbst schuld, wenn man schon wie eine hierarchieablehnende Zecke in die Schule kommt! Dann übernehmen Friedrich und Karl eben. So ist das nun mal!«

Kurz und gut: Silke ist ein absoluter Härtefall.

»Ich habe einen Kurs bei Constanze gebucht. ›Loslassen leicht gemacht‹. Ich habe die Wut ins All geschickt. Jetzt bin ich ganz entspannt. Auch wenn ich mit Idioten leben muss. Irgendwann ist die Grundschulzeit ja auch vorbei.«

»Was ist das für ein Kurs?«

»Solltest du auch mal machen. Irgendwas muss man ja immer loslassen. Ich schicke dir die Kontaktdaten. Muss weiter. Küsschen!«

Eigentlich halte ich von solchen Kursen ja nichts – aber Silkes neue Entspannung gefällt mir. Und was habe ich zu verlieren? Entweder nix oder Leidensdruck. Das kann ja nie schaden. Meinen Perfektionismus zum Beispiel würde ich gerne etwas reduzieren. Aufschieber sind nämlich die größten Perfektionisten. Wussten Sie das? Habe etwas Psychologieliteratur gewälzt. Gerade weil Prokrastinateure eben diesen Perfektionsanspruch haben, schieben sie immer wieder. Der Zeitpunkt und die Umstände, um es perfekt zu machen, scheinen nämlich nie die richtigen zu sein. Welch Paradoxon. Deshalb leiden sie auch so. Wie ich. Weil wir eine Aufgabe vor uns herschieben, die uns wichtig erscheint, und unter der Nichtausführung leiden, als würden wir ein Gebirge tragen. Nichtperfektionisten erachten einfach so vieles als unwichtig, dass sie diesen Druck gar nicht kennen. Ja, es ist kompliziert. Oder eigentlich gar nicht: Alles, was ich tun muss, ist, mir selbst zu suggerieren, wie unwichtig diese Dinge sind. Dann: Leiden eliminiert. Denn was nicht wichtig ist, pressiert ja nicht.

Eine Woche später. Ich parke vor Constanzes Haus. Constanze ist alles andere als hauptberuflich esoterisch, und deshalb habe ich mich sofort angemeldet. Im echten Leben ist sie knallharte Richterin, was mich sofort überzeugt hat. Dazu Raucherin, Lebefrau, tiefe Stimme, immer in Rot gekleidet. Die Kombi aus »volle Packung Paragrafenleben« und »Wir atmen jetzt mal ganz bewusst« finde ich einfach spitze. Ich hüpfe ja auch gerne zwischen den Welten hin und her – das sollte passen. Heute esoterisch, morgen pragmatisch. Ich bin so voller Vorfreude, dass ich fast einen Schweinehund mitnehme, dessen Leine so lang ist, dass Herrchen gar nichts merkt. Statt aufs Handydisplay zu glotzen und auf der anderen Straßenseite stehen zu bleiben, vielleicht etwas mehr Achtsamkeit? Kann deinem Bello das Leben retten. Ja, ich stimme mich schon mal ein auf mein neues Ich.
Dass Autos hier auf dem Sandweg hinter den Dünen verboten sind, hat mir Constanze dann erst hinterher gesteckt. Na ja.

»Es irrt der Mensch, solang er strebt«, hieß es ja schon in Goethes *Faust*. Besser nicht mehr streben. Vielleicht klappt das ja ab morgen. Oder es war ein Zeichen des Universums, dass ich es in jedem Fall schaffen werde, den inneren Schweinehund platt zu machen. Oder zu zähmen, liebe Peta-Aktivisten. Geht ja auch vegan, fellfreundlich und bio.

»Wir beginnen mit einer Affirmation, Ladys! Schreibt nieder, was euch tragen soll. Und was ihr heute hier loswerden wollt!« Constanze muss gar nicht erst warmlaufen. Sie zündet so engagiert die Kerzen in ihrem Yogaraum an, als wäre es Trick 17 für den Einstieg in ihr Paralleluniversum. »Ich habe heute ein paar Idioten für einige Jahre in gesiebte Luft gesteckt – jetzt brauche ich Entspannung und etwas Lebensbejahendes! Lasst los, und ihr werdet frei sein!«
»Hast du das auch zu deinen Knackis gesagt?«, frage ich grinsend.
»Schreib du lieber deine Affirmation auf!« Constanze ist herzlich wie streng, und das ist vermutlich auch gut so. Die anderen Teilnehmerinnen schauen – bis auf eine kräftige Mittvierzigerin, die sich als »Nadin, aber ohne ›e‹« vorstellt – eher schüchtern drein. Der Rest sieht aus wie die Büroopfer von Stromberg.
Eine zierliche blonde Nina fragt: »Und wenn ich nicht so genau weiß, was ich da schreiben soll?«
»Dann wird der Satz schon zu dir finden!«, erklärt Constanze. »Jede von euch ist aus einem bestimmten Grund hier. Jede von euch will etwas loslassen. Jetzt könnt ihr es durchziehen – und ich helfe euch. Bildet mal einen Kreis.«
Das machen wir auch prompt – nur Nadin ohne »e« setzt sich wie ein faules Ei in die Mitte. Aber das stört keinen. Vielleicht muss sie ja auch einen Unsichtbarkeitskomplex entsorgen.

Constanze erklärt: »Oft klammern wir uns im Leben an Dinge, die uns gar nicht guttun. Jobs. Beziehungen. Ehen. Verletzungen. Muster. Und obwohl sie uns schwächen und unglücklich machen, halten wir daran fest. Oft fehlt uns der Mut – wir haben Angst vor Veränderungen. Aber heute machen wir etwas anders: Wir stellen uns diesen Gefühlen! Wir befreien uns vom Seelenballast! Wir glauben an uns und die Wirklichkeit, die wir erschaffen wollen! Wir erwarten keine Wunder – wir werden selbst unser eigenes sein!«

Die Kerzen flackern, Nadin ohne »e« sieht tief entschlossen aus, Blondine Nina weint lautlos, und ich überlege, kurz mal den Arm zu heben und die Hand nach der Spannung auszustrecken, die im Raum hängt wie eine Gewitterwolke. Stattdessen greife ich nach einer Kleenexbox und schiebe sie Nina zu.

»Danke!«, flüstert es neben mir.

Constanze lässt den Blick schweifen. »Geht jetzt bitte in euch und schreibt. Eure Worte gehen so in euren Geist über. Auf den einen Zettel, was ihr gehen lassen wollt, den vergraben wir später. Auf den zweiten die Eigenschaft, die euch begleiten soll!«

Die Bleistifte knarzen auf dem Kartonpapier, so still sind wir. Ich schreibe: *Wenn ich meinen inneren Schweinehund akzeptiere und liebe, bin ich frei! Ich will meinen übertriebenen Perfektionismus beerdigen! Und weniger nett sein, was ich aus Höflichkeit fast weggelassen hätte!* Und: *Freude durch Fünf-gerade-sein-Lassen!*

Plötzlich wandelt sich die Gruppendynamik. Nina knüllt das Taschentuch zusammen, Nadin ohne »e« schreibt mit Zunge zwischen den Zähnen, die anderen scheinen plötzlich Kontur zu bekommen. Zuversicht liegt in der Luft. Fünf Frauen sitzen im Kreis und fühlen sich wie kurz vor Schulbeginn: Keiner weiß, was kommt, aber es fühlt sich aufregend an, und irgendwas wird in der Zuckertüte schon drin sein, das man gebrauchen kann.

»Kann ich auch ›Selbstvertrauen‹ schreiben?«, fragt Nina zaghaft.

»Natürlich. Wunderbar!«, ermutigt Constanze sie.

»Und Selbstliebe?«, piepst es von hinten aus der Stromberg-Reihe.

»Wunderbar!«, entgegnet Constanze mit den gütigsten Augen, die ich je in ihrem Gesicht gesehen habe.

»Geht auch mehr Sex? Oder überhaupt Sex?«, fragt Nadin ohne »e«.

»Wunderb… Nein! Schreib einfach: Leidenschaft. So genau musst du das auch nicht präzisieren, Nadin! Und jetzt: Holt euch bitte die Steine hinter dem Paravent.«

Tatsächlich liegt dort ein regelrechter Steinhaufen. Und ich rede nicht von kleinen Kieseln.

»Bitte pro Person nur einen Stein!«, erklärt unsere Lehrerin und erinnert mich stark an den Film *Das Leben des Brian:* »Zur Kreuzigung? … Zur Tür raus, jeder bitte nur ein Kreuz, linke Reihe anstellen.«

Sterben soll hier ja schließlich auch etwas. Eine Eigenschaft. Ein Klammeraffe der miesen Angewohnheiten. Also dann. Gut, dass uns keiner sehen kann. Wir schleppen unsere Steine im Kreis herum. Und je mehr Runden wir schleppen, desto länger werden meine Arme. Die Steine symbolisieren das, was wir loslassen wollen, Schmerz und Leid. Aber so langsam möchte ich nicht loslassen, sondern wegschmeißen. Wie lange denn noch? Bald habe ich Oberarme wie Hulk. Fühle mich auch schon ganz grün. Diese Last ist doch hausgemacht. Die Zeit eine amorphe Masse, träge und dehnbar wie klebriges Hubba Bubba.

»Okay, Ladys, ihr dürft ablegen. Spürt die Leichtigkeit. Lasst los. Ihr habt Mut bewiesen. Den Königsweg zur inneren Weisheit eingeschlagen. Entscheidet euch für die Liebe, nicht für das Ego, das nur Angst, Zweifel, Hass und Missgunst keimen lässt. Ändert die Perspektive. Und sagt: ›Ich lasse los und lasse mich vertrauensvoll in den Fluss des Lebens gleiten.‹«

Wir stimmen mit ein, als würden wir uns bei den Anonymen Alkoholikern vorstellen – und steigern uns, als gäbe es dort zur Begrüßung Prosecco. Danach wird's dann bunt: Nina muss Papiere zerschneiden, die für das stehen, was sie noch festhält, und sich vergeben. Nadin ohne »e« darf eine Piñata vermöbeln, zwei der Büroopfer springen Trampolin, um Grenzen zu überhüpfen, und ich darf Seifenblasen machen und meine Vorsätze schillernd in die Yogaraumluft wabern lassen.

Das gefällt mir viel besser. Humor und allgemeine Emsigkeit haben die Stille abgelöst.

»Ich vergebe mir und all meinen Teilen zu hundert Prozent. In alle Richtungen der Zeit«, murmelt Nina fröhlich. Schnippschnapp.

»Klingt, als hättest du schon Ersatzteile!«, lacht Nadin ohne »e« und haut mit einem Baseballschläger auf die Piñata ein.

Die Büroopfer hüpfen jetzt immer im Wechsel von Trampolin zu Trampolin, bis eine sagt: »Oh, ich hab Pipi gemacht. Sorry.«

»Du auch?«, fragt die andere.

»Mädels, Zeit für die letzte Kerze!« Coach Constanze holt uns alle zusammen. Wir machen alle einen großen Schritt nach vorn. Wieder voller Symbolkraft, versteht sich. Vor uns steht ein Pflanzenkübel mit Erde.

»Zeit, die manikürten Pfötchen schmutzig zu machen: Vergrabt eure Papiere und behaltet eure neuen Errungenschaften im Herzen. Die Erde wird das Papier zu Erde werden lassen, aber etwas Neues wird wachsen. Gratulation! Und jetzt gibt's oben Schampus – wer will. Außer für diejenigen, die ein Alkoholproblem loslassen wollten.«

Am Ende des Tages stehen Nina, Nadin ohne Sie-wissen-schon, Constanze und ich auf ihrer Terrasse und stoßen an.

»Toll, dass du gekommen bist, Anna, hätte ich nie gedacht, dass du mal freiwillig bei mir loslässt!«, lacht Constanze.

»Ich, ehrlich gesagt, auch nicht!«, erkläre ich schmunzelnd.

»Darf man über seine Affirmationen sprechen?«, fragt Nadin.

»Wenn dir danach ist!« Constanze zündet sich eine Zigarette an und inhaliert tief.

»Also, ich hätte gerne mehr S...«

»Ja, wissen wir ja bereits, Nadin. Das wird schon!«, unterbricht sie die herzschmerzgeheilte Nina. »Wir waren aber gerade bei Anna!«

»Ich bin wegen meinem inneren Schweinehund hier, den wollte ich mal professionell umarmen und gleichzeitig den krankhaften Perfektionismus kleinkriegen.«

»Das wäre auch was für mich, verdammt, hätte ich ergänzen sollen ...«, murmelt Nadin ohneundsoweiter.

»Dann wird dir das auch gelingen!« Constanze schaut in den abendlichen Sternenhimmel: »Die Essenz des Wunsches begleitet dich ab sofort. Und das reicht. Die Welt verändert sich, sobald wir anders über uns denken. Das Wunder kommt nie von außen – es ist in uns selbst. Und jetzt, meine Lieben, ab ins Bett. Ich habe morgen einen langen Prozesstag und muss früh raus. And never forget: Ihr seid Liebe! Gute Nacht!«

Heute nicht: sich politisch korrekt verhalten

Ein Abend in einem Haus am Stadtpark. Die Kiesauffahrt ist frisch geharkt. Die Gartenlaternen leuchten. Der Gastgeber, ein Freund aus Teenagertagen, ist 45 geworden und hat zum Dinner eingeladen. Dresscode: fashionable. Wobei hier vermutlich seine Frau dahintersteckt, die endlich ihre Chance auf einen großen Auftritt gewittert hat. Wo den doch sonst die Geliebte für sich beansprucht. Kennen Sie diese Menschen? Das sind die, die ihre Hochzeit im feinsten Anglo-German-Klub feiern, die den teuersten Fotografen anheuern und mindestens einen Monat auf Hochzeitsreise gehen, aber auch relativ flott mal zur Abwechslung mit den Trauzeugen schlafen. Leider haben sie meistens auch die falschen Gäste eingeladen, denn die werfen sich wie Hyänen auf jedes Detail und ziehen alles durch den Kakao – noch bevor die Braut sich so betrunken hat, dass sie fast mit dem Falschen nach Hause geht. Alles schon mitgemacht.

Also, damit wir uns nicht falsch verstehen: Lästern über die Braut geht gar nicht, und das werde ich auch niemals tun. Aber mal nicht extrageschmeidig sein – das ist etwas Neues für mich. Ich gehöre ja auch zu diesen netten Dingern, die dem Gastgeber immer ein gutes Gefühl geben wollen, helfen, loben, das Gespräch am Laufen halten, immer witzige Anekdoten im Gepäck haben. Das ist einer der Gründe, warum man immer gerne »Anna dazusetzt«. Ich werde als Entertainmentfaktor unentgeltlich gebucht, was manchmal auch anstrengend sein kann. Zum Beispiel, wenn man noch unverheiratet neben Lehrern, Beamten oder am Katzentisch mit den renitenten Fällen sitzt. Zum Glück sind die Zeiten Geschichte.

In diesem Fall bin also der miese Gast ich. Denn ich habe beschlossen, mal nicht so konform zu sein. Schließlich muss doch nicht jedes Gespräch wie Teflon sein. Mit dabei: meine sehr stylishe Freundin Johanna, 36, Schwedin, Anwältin mit Doktortitel, Kanzleipartnerin in einer der führenden Wirtschaftskanzleien Europas und nie um ein ehrliches Wort verlegen. Man muss fast sagen: Johanna ist in diesem Fall mein Vorbild. Sie ist nie nett um des Nettseins willen. Eher haut sie einem eine Karre Mist um die Ohren, als dass sie mit Honig-ums-Maul-Schmieren anfängt. Die Gäste vor mir schleimen sich bereits durch die Haustür: »Danke für die Einladung! So schön, euer Haus«, »Was für ein tolles Kleid!«, »Das sieht aber gut aus!«. Das letzte Lob bezieht sich auf das eingeflogene Rind, das liegt nämlich anmutig blutig auf einer Glasplatte drapiert.

Johanna kommt mit entgegen und verzieht bereits die Mundwinkel.

»Und? Nette Runde?«, frage ich sie, als ich meinen Mantel an der Garderobe aufhänge.

»Total. Bin gleich wieder gefragt worden, warum wir noch keine Kinder haben.«

»Verstehe. Was hast du gesagt? Hast du die Penisnummer durchgezogen?«

»Nein, hier nicht. Einige der Gäste sind ja wirklich nett. Ich habe nach ihrem Gehalt gefragt und in das leere Gesicht geantwortet: ›Das tut mir jetzt leid. Ich dachte, hier sind intime Fragen erlaubt.‹ Seitdem lächelt mich eine von den Natterngezüchten so süß an, als würde sie mich gerne mit den australischen Rinderlappen totschlagen.«

Der Abend plätschert erst mal unauffällig vor sich hin. Die Frau, die gerne intime Fragen stellt, aber selbst keine beantworten will, heißt Cornelia und hat so viel Botox in der Stirn, dass sie auch die Hauptrolle in *Die Maske* neben Cher hätte übernehmen können. Und sie ist immer noch sauer auf Johanna. Denn selbstbewusste, kinderlose Frauen, die das freiwillig sind und auch noch frech werden, sind hier nicht vorgesehen. Ich muss immer wieder schmunzeln.

Die Frau des Jubilars ist vorgestern Veganerin geworden (»Aber bitte genießt das gute Stück Fleisch, das hat einen weiten Weg bis auf eure Teller hinter sich!«) und knabbert nur noch Gemüse.

Ihre Freundin Agatha springt ihr auch gleich bei: »Also, wir haben Fleisch auch total reduziert.«

Ihr Mann, der schon das zweite Stück Beef hinunterschlingt, guckt ganz erschreckt: »Echt? Seit wann?«

»Seit neulich, Schatz, als ich beschlossen habe, dass das ab sofort so ist!«, zischt Agatha zurück. Das wird später Ärger geben. Aber noch scheinen alle friedlich.

Bis irgendwann das Thema »Ehe« zur Sprache kommt. Plötzlich ist Leben in der Bude. Die Gastgeberin ereifert sich: »Also ich bin echt froh, dass ich rechtzeitig vom Markt genommen worden bin. Jetzt irgendwo alleinerziehend ohne Geld dasitzen – das wäre nichts für mich. Und viele Frauen verdienen dann ja nichts mehr, finden nie wieder jemanden und leben unter der Armutsgrenze.«

»Ja, so wie Anna!«, lacht Johanna.

Was natürlich ironisch gemeint ist, da ich immer tolle Moderationsjobs hatte und nach Gatte Nummer eins ja Gatte Nummer zwei kam, den ich wirklich empfehlen könnte, wenn er noch zu haben wäre. Es ist still am Tisch geworden. Johannas Humor ist ein bisschen wie getrocknete, pulverisierte Chilis. Die einen können damit, die anderen heulen. Oder denken, es geschieht gleich ein Unglück. Ich finde ja, einer Anwältin mit Präzedenzfällen, die europaweit Beachtung finden, steht das. Die Gastgeberin ist eher so Typ Nach-oben-geheiratet-mit-zulangen-fake-Wimpern. »Ja, Anna, du hast bestimmt Schlimmes erlebt.«

»Ehrlich gesagt: Es gibt nichts Besseres als Dinge, die man bis zur Selbstaufgabe versucht hat, loszulassen. Du weißt ja, was mit den Schwestern von Cinderella passiert ist. Wenn der Schuh nicht passt, einfach mal andere anprobieren.«

»Genau!«, ergänzt Johanna grinsend. »Macht ihr ja auch. Dein Mann probiert ja auch hin und wieder diese Flugbegleiterin. Und dich stört das ja nicht mal. Ist ja auch deine alleinige Entscheidung, was du tolerierst und was nicht. Das geht niemanden etwas an. «

»Bitte?« Alle Frauen gucken uns an. Johanna hat gesagt, was alle wissen, aber niemand offen ausspricht. Cornelias Zornesfalte erdrückt gerade das Botox in der Stirn.

Ich bin als Erste wieder verbal am Start und ziehe über Los: »Hier sind doch intime Gespräche okay? Kinderwunsch, Trennung, Betthäschen – wir sind doch unter uns?«

Johanna nickt neben mir, greift aber schon mal nach ihrer Handtasche.

»Ihr seid … ihr seid …«, atmet Cornelia schwer aus. Und fügt dann in Richtung Jubilar hinzu, der in der Männerrunde auf dem Sofa vor uns sitzt: »Björn Alexander. Ich muss mich wirklich wundern.«

Der Jubilar ist in Nöten. »Nein, bitte, was auch immer war, das war doch bestimmt nicht so gemeint, Hasi.«

»Doch. Genau genommen schon.« Johanna grinst. Das Wagyu Beef ist bestimmt schon kalt in seiner Blutlache.

»Aber wisst ihr was?«, schlage ich vor. »Wir wollen euch nicht eure politisch korrekte Feier versauen – mit dem armen Rind, das mit so viel Kerosin antreten musste, für euch Teilzeitveganer und Intime-Fragen-Herausposauner. Wir gehen jetzt. Und den Stock hinten drin, den lasst mal da – aber ruft uns nicht mehr an.«

Als wir am nächsten Morgen immer noch über die Nummer

lachen, vibriert mein Handy, der Jubilar Björn Alexander: *Habe verrückterweise mehr als zufrieden in der Garage geschlafen. Macht Johanna auch Scheidungsrecht?*

Heute nicht: Handtasche aufräumen

Mein Mann: »Du immer mit deiner Handtasche. Schrecklich. Räum die doch mal auf.« Mein Mann fünf Minuten später: »Schatzl, kannst du meinen Geldbeutel / meinen Autoschlüssel / die Flyer einstecken?« Kennt jeder, oder? Trotzdem ärgere ich mich jedes Mal, wenn ich nichts finde. Dafür ziehe ich dann regelmäßig Schnuller, angebissene Pizzastangen, alte Brötchentüten, eine vertrocknete Grünpflanze und ein Bataillon Orks mit raus.

Meinem Mann, perfekt organisiert, könnte spontan die Handyrechnung vom 15.7.2008 aus seinen Ordnern ziehen, glüht dann gerne der Kopf, und er gibt Brunftlaute von sich. Hat aber nichts mit Paarungsbereitschaft zu tun. Eher mit dem Entsetzen eines Aufräum-Nerds, der für Messy-Momente selbst im kleinsten Mikrokosmos kein Verständnis aufbringen kann. Ich liebe ihn ja – aber er gehört zu der Sorte Mann, die den Geschirrspüler neu sortiert, wenn Sie wissen, was ich meine? Ist vermutlich auch ein bisschen Berufskrankheit, da er für ziemlich viele Menschen und Projekte verantwortlich ist und immer den Überblick haben muss. Dafür hat er keine Ahnung, warum ich täglich den Küchentisch abwische. Macht er einmal im Monat mit der flachen Handkante. Reicht ihm. Mir, der Frau, die in ihrer Handtasche wohnt, nicht. Deshalb passen wir auch so gut zusammen. Mal schüttelt der eine den Kopf, mal die andere.

Aber zurück zur Handtasche: Ich will sie aufräumen, immer. Nur wann? Ich erinnere mich an diesen einen Abend, an dem ich es tatsächlich tat. Ich räumte alles raus, fand Kosmetikpröbchen, freute mich, fand einen abgeleckten Lolli, ekelte mich, warf ihn weg, entsorgte Dinge in den Müll und heftete Quittungen ab, wie Selbstständige das so machen. Und dann entleerte ich die leere Tasche aus der offenen Fenstertür in den Garten. Krümel halt. Und es machte KLONK. Bis heute frage ich mich, was das wohl war und wo meine Uhr geblieben ist. Denn unter dem Fenster sind leider dichte Hecken, Reste von Efeuauswucherungen und Kellerschächte.

Aufräumen war nie überflüssiger. An einem anderen Tag stand ich mit zwei fertigen Kindern im Supermarkt. Karlotta mit plötzlichem Schulkindschnupfen, Theresa, unsere Jüngste, braucht ihren »Jijä!!!«. Anderes Wort für Schnuller. Gott sei Dank habe ich die Tasche nicht aufgeräumt. Finde noch Servietten vom letzte Pommesbudenbesuch und einen »Jijäääää!!!«. Außerdem Pizzastangenbruch. Alle begeistert.

Und meine Freundin Inke raunte mir zu: »Bist du jetzt eine von denen? Die immer alles dabeihaben? Diese Apfelschnitz-in-Tupperware-Tanten, die vorher noch Trinkflaschen füllen, bevor sie das Haus verlassen und Fingerfood einvakuumieren?«

»Ich? Gott, nein! Nie! Das ist alles nur aus Faulheit da, aus Gründen des Nichtaufräumens.«

Dann kommt der Tag, an dem mir meine Cousine Britta in Montreal eine kleine Mini-Umhängetasche schenkt. Wie eine Clutch. Ich bin begeistert. Ab sofort nur minimaler Stauraum. Wir schlendern durch Old-Montreal, essen Poutine und laufen kreuz und quer Richtung Downtown. Nur mein Mann kommt immer wieder an und fragt: »Und wo tue ich jetzt meinen Geldbeutel / die Autoschlüssel vom Leihwagen / die Flyer / die Mitbringsel hin?«

Ich: »Tja. Alles übersichtlich und aufgeräumt – aber kein Platz. Ist nur eine Ein-Personen-Handtasche.« Der Arme muss also mit ziemlich dicken Hosen- und Jackentaschen herumrennen, sieht dabei übermäßig gut gepolstert aus und sehnt sich bestimmt heimlich nach meiner großen Handtasche mit Untermietern.

Währenddessen verliert Karlotta ihren Rucksack mit ihrer Baby-Kuscheldecke »Decki«, einem Tablet, ihrem Tagebuch und ihrem Lieblingshalstuch. Ein traumatischer Tag. Die Folge: Ein Kind, weiß wie eine Leiche, das nur noch weint.

Mein Mann: »Hast du denn keine Taschentücher oder Servietten vom Poutine-Essen dabei?«

Ich: »Nein! Immer noch: Ein-Personen-Handtasche!«

Theresa bekommt plötzlich Hunger, da wir durch die Rucksacksuche in der kanadischen Metropole viel länger als geplant unterwegs sind.

»Anna, keine angebissenen Pizzastangen?«

»Nein.«

»Jijä?!« Ja, den habe ich mit. Passte gerade noch so rein. Aber dieser Tag öffnet mir die Augen mehrfach. Seitdem rate ich jeder Frau, die auf der Straße kramt: »Es ist gut so. Mach weiter so! Du kannst Leben retten.«

Im Ernst, Mädels: Bleibt besser undiszipliniert und lasst eure Handtaschen leben, wachsen und gedeihen. Denn: Du weißt nie, wann das nächste Trauma, der nächste Unfall oder Spontanflirt wartet. Dein Steuerberater nimmt die Quittungen auch kurz vor knapp im Schuhkarton. Dein Mann sollte auch nicht mit gepolstertem Gesäß wie Kim Kardashian rumlaufen, nur weil er nicht weiß, wohin mit seinem Portemonnaie. Und sei froh über angebrochene Pizzastangen und jeden »Jijä«! Auch über das Bataillon Orks. Die kann man im Notfall als Suchtrupp losschicken. Oder muss ich hier noch irgendjemandem erklären, wie gefährlich überbewertet das Aufräumen sein kann?

Heute nicht: das Internet leer bestellen

Es fängt alles mit dieser Haarspange an. Plötzlich sehe ich sie überall: Freundinnen von mir schicken mir Fotos davon, auf Instagram tragen die hipperen Mütter sie von streng bis lässig im Haar. Im Leo-Look. Mit Perlenapplikation. Rechteckig. Aber auch spitz zulaufend. Streng oder lässig ins Haupthaar geklemmt. Barrettes nennt man die jetzt übrigens. Haarspange ist ja kurz vor Dauerwelle, Schulterpolster und Modern Talking. Nee, nee, hier wurde die Welt neu erfunden. Das Ding hat Übergröße und einen neuen Namen. Ganz klar: Die fehlt mir noch zum Glück.

Also bestelle ich. Natürlich muss man zuerst überweisen. Ha! Mache ich mit PayPal, da kann man sich ja auch alles wiederholen. Einziger Haken: Das Berliner Unternehmen schreibt in der Bestätigungsmail, es könne so 57 Werktage dauern mit der Lieferung, denn die Fertigung sitzt leider in China. Ich schreibe eine wütende Mail, warum das Zeug denn jetzt aus China komme, und meine neue Freundin Pam aus L.A. antwortet mir: *Thank you so much for reaching out to us, Anna!* Ich solle mir nichts dabei denken, eigentlich ist die Firma von zwei Australiern gegründet worden, aber die »various international warehouses« wären nun mal irgendwie am ADW in Asien.

Ich bin so wütend auf mich, meinen miesen ökologischen Kauf, frage mich, ob 46 Euro für zwei Haarspangen, die wahrscheinlich niemals ankommen, vielleicht doch etwas unnötig sind, fahre Kopfkino mit Kinderarbeit und maroden Hallendächern und schwöre mir, nie wieder online zu kaufen. Was soll das überhaupt? Rasend vor Wut rufe ich bei der internationalen Hotline an, komme aber nicht durch. Dafür höre ich eine Auswahl Kuschelrock, »Wind of Change«. Hat schon immer die größten Aggressionen in mir ausgelöst.

Aber die Haarspangen sind wirklich so süß!, schreibt mir Johanna, die sie auch toll findet und die ganze Odyssee noch nicht kennt.

Und während ich Pam neue Mails schreibe – wenn man schon mal wütend ist, muss man das auch sinnvoll kanalisieren und nutzen, finde ich –, frage ich mich, wie ich mir nur so das Gehirn waschen lassen konnte. Das Internet, Freunde! Es will uns Sachen verkaufen, von denen wir vorher nicht mal ahnten, dass wir die mit Sicherheit niemals brauchen werden. Im Gegenteil: Sie machen uns unglücklich.

Ich erinnere mich da an einen Blazer, von dem ich dachte, ich bräuchte ihn ganz dringend für einen Interviewtermin für mein letztes Buch. Wollte seriös aussehen, wie man sich eine Autorin eben vorstellt. Bestellt war er fix. Dann kam das Ding. Viel zu groß, sah billig aus, ich hätte eventuell als Traumschiffkapitän darin anheuern können. Für mies befunden, wieder eingetütet, zur Post gebracht. Sagte die Frau am Postschalter auch noch auf Sächsisch (ich arbeitete zu der Zeit beim *MDR*): »Aber so gann I des ni zurückschiggen – da fehlt doa richtige Retourenuffkleba!«

Sie wissen schon, der Typ Mensch, der einem auch gerne sagt: »Sie dürfen hioar aba nisch bargen.«

Und du erwiderst: »Wieso darf ich hier nicht parken, wenn ich niemanden gefährde oder blockiere? Ist doch mein eigenes Risiko. Sind Sie von der Hilfspolizei?«

Und der Rentner mit Hut sagt zu dir: »Frollein, des is hioar

verboatn. Isch ziehe Ihnen glei den Hut hioar iber die Ohren und ruf die Bolizei. Wöllnse een Pussgeld?«
Vergessen Sie es. Diskutieren zwecklos. Also wieder nach Hause. Retourenschild angefragt. Eine Stunde Wartezeit, denn das Etikett musste erst von der Firma durch dieses verrückte Internet befördert werden, und da war heute offenbar Stau. Wieder zur Post.
Nach vier Wochen war das Paket nach wie vor verschollen. Ich rief bei der Hotline an und erfuhr nach 25 Minuten Kuschelrock (»Listen to Your Heart!«, wobei ich »heart« gerne gegen »brain« ersetzen würde): »Nein, hier ist nichts angekommen.« In mir brodelte es: Jetzt zahlst du schon für die Dinge, die du nicht kaufst. Nie! Wieder! Im! Internet! Bestellen! Ich hatte von einem stylischen Auftritt geträumt. Stattdessen gab es einen ordentlichen Arschtritt. Jetzt fühlte ich mich wie ein Kind, das seine Playmobilfiguren nicht bekommt, obwohl es sein Sparschwein längst geschlachtet hat. Irgendwann kam die Bestätigungsmail: *Warenrückgabe eingetroffen und akzeptiert.* Wo auch immer der Blazer noch kurz vorgeschaut hatte, es war wohl ein längerer Aufenthalt geworden.
Da fällt mir noch gerade ein: Den Vogel abgeschossen hat mal ein Fake-Unternehmen namens VOGA, wo ich vor Jahren, ich war erst Anfang 30 und träumte vom perfekten Kinderzimmer, einen Fake-Panton-Chair für Kinder bestellt habe. Ganz verdrängt, die Nummer: Für 47 Euro plus 11 Euro Versand. Da hätte man ja stutzig werden können. Aber ich war gewillt, an das Gute im Netz zu glauben. Der Stuhl sollte per Hand gefertigt, womöglich mundgeblasen und dann auch mit Schleifchen verschickt werden. Ist auch genauso passiert. Nur leider nicht zu mir nach Hause. Abholen sollte ich ihn dann bitte in London, 73 Watling Street. Ich möchte gar nicht wissen, wie viele Kinderstühle sich da über die Jahre angehäuft haben und wie

ausgesetzte Haustiere niemals ihre Besitzer kennenlernen durften. Ich war damals sogar bei der Polizei. Aber es war etwas schwierig mit der diensthabenden Beamtin: »Frau Funck, isch gomm da nisch mehr mit. Sie haben eene handgefertigte Raubgobie legal gekoft und wurden dabee betrogn?« Kurz vorm »Pussgeld« konnte ich das dann wieder hinbiegen.

»Was ist das denn?«, fragt mich mein Mann.
»Eine überdimensional große Haarspange! Angeblich Dernier Crie in Berlin und L. A. Wieso?«
»Also, wenn du es magst … Sei mir nicht böse Schatz, aber du siehst aus, als wolltest du gleich als Neuzugang in die Ki-Ga-Zwergengruppe gehen oder im Bällebad abgeholt werden.«
»Da müssen wir jetzt wohl durch«, konstatiere ich. »In China kennen die so was wie Retourenscheine offenbar nicht.«
Übrigens packt Jenz fünf Minuten später voller Entsetzen einen japanischen Messerblock aus. Superscharf, superluxuriös, superreduziert. Letzteres gilt leider auch für den Stahl. Ist er irgendwie drübergestolpert und dachte, der würde ihm noch fehlen zum Glück. Ich war selten so verliebt. Und jetzt öffnen wir unsere Laptops und löschen dieses Internet!

Heute nicht: Sport machen

Also, Kendall Jenner macht in elf Minuten alles fit. Plank-Liegestütz-Crunches-Mountain-Climber. Dann erclimbt sie auch jeden Cat Walk. Pamela Reif macht zu Hause am liebsten Kniebeugen (»Weil die immer gehen«), Beckenheben (für den Knackpo) und Burpees (was auch immer das ist). Ich persönlich liege am liebsten auf der Couch, um fit zu werden. Auch länger als elf Minuten. Dazu esse ich gern. Vorzugweise Schokolade. Weil die immer geht. Dafür hebe ich auch das Becken, um zum Kühlschrank zu kommen und Nachschub zu holen. Was Burpees sind, weiß ich bis heute nicht, aber vielleicht bewege ich nachher meine Fingerspitzen und google das mal.

Eins ist zumindest sicher: Die moderne Frau ist ein Tausendsassa. Die kann alles: Job, Kinder, Haushalt. Kochenputzenwaschen? Läuft nebenbei. Sie ist immer und jederzeit eine vorzeigbare Instagram-Beauty, lässt das Waschbrett unterm bauchfreien Top blitzen, die Haare sitzen, das Gesäß auch. Wie bei Pamela Reif, die ist extrastolz auf ihren Knackpo, da »hart erarbeitet«. Und aufpoliert mit Afterlight. Nein, das ist wirklich nur ein Filter. Macht noch mal extra fresh im Gesicht. Aber das Material muss schon stimmen.

»Ich gehe neuerdings ins Fitnessstudio!«, erklärt mir meine Cousine Britta am Telefon. »Ich möchte für den Sommer in Form sein.«

»Seit wann das?«, frage ich perplex. Und denke, dass man sich ja eigentlich nur im Fitness-Studio anmeldet, um sein Gewissen zu beruhigen. Die einen gehen nie hin, weil sie immer eine Ausrede haben, und die anderen fühlen sich schon nach der Anmeldung so sportlich, dass es nicht mehr notwendig ist. Der Rest macht in diesem Etablissement heutzutage Spiegel-Selfies.

Ich erinnere Britta: »Weißt du noch, wie wir 2003 einen Sommer ins Fitnessstudio gegangen sind und ich dich gefragt habe, ob wir das jetzt machen, damit wir noch dünner und schöner werden, oder ob wir das machen, damit wir das ganze Junkfood weiterhin essen können? Deine Antwort war: ›Lust auf einen Hot Dog?‹«

»Ja, aber jetzt bin ich alt und wabbelig.«

Meine Cousine ist 42, dreifache Mutter und sieht fabelhaft

aus. Alt ist eigentlich etwas anderes, außer man ist ihr Sohn. Oder meine Tochter, die mir an meinem letzten Geburtstag eine ganz *hübsche Karte überreichte: Alles Gute zum 73.!*

»Bei ›siebenunddreißig‹ kommt die Sieben nun mal zuerst, Mama.« Stimmt eigentlich. Grundschülerlogik. Und überhaupt ist man ja so fit, wie man sich fühlt.

Ich frage Britta: »Gehst du da jetzt hin, um echt Sport zu machen? Die meisten legen ja drei Posen mit eingezogenem Bauch hin und gehen wieder.«

Nun ist meine Cousine ein Social-Media-Muffel. Sie ist bei Facebook ein Gespenst mit Account ohne Aktivität und Instagram kennt sie gar nicht. Begründung: »Keine Zeit für so was!« Eigentlich auch richtig. Und wer drei Kinder hat, der hat drei Kinder. Sie muss es also ernst meinen mit dem Fitnesstraining – und das bestätigt sich auch: »Nein, ich mache wirklich Sport in einer Gruppe. Zu viel Druck, um nichts zu machen. Ich muss los!«

Ich bin beindruckt ob so viel Disziplin. »Strong is the new skinny!« lese ich zurzeit ständig. Könnte auch »Diszipliniert ist das neue Skinny« heißen. Und ich frage mich: Was ist mit Rock 'n' Roll? Ich bin ja für Sport und gesunde Ernährung zu begeistern, aber muss es dann gleich so korsettiert zugehen? Was hätte Kate Moss wohl gemacht, wenn man sie in den 90ern nach ihrem Sportprogramm gefragt hätte? Wahrscheinlich aus dem spöttisch grinsenden Mundwinkel heraus gemurmelt, in dem eine Kippe steckte: »Feiern und ficken.« Okay, die Phase, wo sie als »skinny fat« beschimpft wurde, kam später. Aber warum sollte diese Frau auch ein Leben lang so aussehen wie mit 17? Lasst sie doch Bier trinken statt Burpees turnen, im Flugzeug randalieren und die bösen Kerle küssen – ist doch ihr Ding. Wer so viel Geld mit seiner Epidermis verdient hat, ohne sich krumm zu machen, hat sowieso gewonnen. Und das ohne Plank-Liegestütz-Crunches-Mountain-Climber. Aber auch das ist natürlich ein Geschäftsmodell. Respekt, wem Respekt gebührt. Die Fitness-Junkies sind ja eigentlich ganz gesund, der Heroinschick der 90er war auf jeden Fall ungesünder.

Und es ist schließlich so einfach: Jeden Tag ein bisschen Kniebeugen und Beckenheben, und schon kannst du bei der dritten Neuauflage von *Bay Watch* in Slow Motion mit über den Strand laufen. Einfach mal das eigene Optimum sein, Schritte zählen, Puls kontrollieren, Muskeln stählen, richtig essen, richtig atmen, bitte tief und ein und aus. Dazu ein bisschen püriertes Frühstück, eine Avocado-Açai-zermatschte-Banane-Bowl und ein paar Proteinshakes. Und wenn der Körper so richtig durchgetrimmt ist, färbt das auch auf den Alltag ab. Logisch. Disziplin macht das Leben schöner. Wenn deine Familie dann plötzlich beim Filmgucken Pizza essen will, machst du halt ein paar Crunches im Keller, mit deinem Shake in der Hand.

»Ich habe diverse Male versucht, Sport zu machen«, erklärt mir Johanna über meiner Golden Milk (mein schlechtes Gewissen) und ihrem Kaffee (»Igitt, Anna, ernsthaft?«). »Ich hatte sogar einen Personal Trainer für 80 Euro die Stunde und war wild entschlossen, weiterzumachen und auf den Tag zu warten, an dem ich sportsüchtig werde.«

»Und? Was ist denn schiefgelaufen?«

»Der Tag kam nie. Was denkst du denn? Ich hasse Sport einfach, kann ich nicht anders sagen. Ich fühlte mich davor schlecht, dabei und auch danach.«

»Ja. Das kann ich verstehen. Und auch dieses Schwitzen ist eine Zumutung«, erkläre ich und spucke fast meine Golden Milk aus. »Igitt. Das soll gesund und lecker sein? Die spinnen wohl, die Sport-Idioten!«

»Ich habe mich durch den Sport eher seelisch und körperlich

malträtiert gefühlt. Zum Trost wollte ich mir nur noch etwas Gutes zu essen kaufen.« Johanna grinst, als zwei nicht hässliche Jogger an uns vorbeilaufen. Einer zwinkert uns zu. »So ein Sport-Affe. Geschenkt möchte ich den nicht mal.«

»Der ernährt sich bestimmt antisozial proteinreich und kohlenhydratfrei.«

»Mit so einem musst du dann auch noch joggen gehen, Sex ist ein sportiver Akt, und du bekommst zum Geburtstag eine Uhr, die deine Körperfunktionen misst, damit du dich weiter optimieren kannst.«

»Gott, ja, das wäre ja was. Gut, dass wir nicht mit hypermobilen Fitnessgurken verheiratet sind.« Unsere kleine Mittagspause dauert genau elf Minuten, in denen Kendall Jenner bestimmt schon Plank-Liegestütz-Crunches gemacht hätte. Wir haben gelacht. Tja.

Im Anschluss sitze ich im Auto Richtung Schule mit schlafendem Kleinkind auf dem Rücksitz, und Johanna sitzt wieder am Kanzleischreibtisch. Ich könnte bestimmt an den roten Ampeln aussteigen und ein paar Crunches machen, und Johanna könnte das Becken während ihrer Telefonkonferenzen heben, weil das ja immer geht, aber irgendwie machen wir es nicht. Wie Quasimodo sehen wir trotzdem nicht aus. Meine neue Theorie: Sport ist etwas für Singles. Oder Menschen ohne Verantwortung. Die übernehmen dann welche für ihre Bauchmuskulatur. Denn wenn du Job, Kinder, Hund oder Mann hast, hast du zu tun. Du musst füttern, Gassi gehen, Nacken kraulen. Gilt für alle drei Kategorien. Wann soll man dann noch Sport machen? Oder vielleicht gilt das auch schon als Leibesertüchtigung? Vielleicht ist Sport auch nur Kompensation.

In meinen 20ern war ich jeden Tag joggen. Grund: Ich hatte Zeit während des Studiums und war immer auf der Suche nach der nächsten Liebe meines Lebens. Und für die musste ich ja in Form sein. Davon profitiere ich, glaube ich, immer noch. Aber jetzt ist ein anderer Lebensabschnitt. Der für den Netflixabend auf der Couch mit dem Lieblingsgatten, wenn Schul- und Kleinkind endlich schlafen. Da mache ich auch Ausnahmen: Es muss nicht immer Schokolade sein. Saure Weingummis oder Kichererbsenchips sind auch okay. Die Fitnessfreaks machen Plank-Liegestütz-Crunches, und bei uns cruncht das Popcorn.

Wobei ich zugeben muss: Der innere Schweinehund hatte ein paar Zweifel und wedelte neulich demütig mit dem Schwanz. »Findest du es unsexy, dass ich keinen Sport mache? Stimmt was nicht mit mir, dass ich danach gar kein Bedürfnis habe?«, frage ich meinen Mann.

»Ist das nicht eigentlich egal, wenn ich dich wunderschön finde?«

Heute nicht: sich seinem Alter angemessen verhalten

Der Staub schraubt sich in Spiralen das Scheinwerferlicht hinauf. Meine Freundin Julia, 37, Superhost, Rockerin, neun Tattoos, und ich sind in einem düsteren Klub auf der Reeperbahn, einen Abend Freiheit inhalieren. Allerdings ist hier vor der Bühne gerade nicht so viel Freiheit. Der Klub ist übervoll, die Menschen schieben sich aneinander vorbei. Noch versucht die Vorband, die Massen zu rocken, aber das klappt nicht wirklich. Es ist auch einfach zu heiß. Immer mal wieder tropft es von der Decke – ich möchte gar nicht wissen, was das ist. Auf so manchem Rückentattoo sammelt sich der Schweiß oder läuft in Rinnsalen an Undercut-Schläfen Richtung Kinn. Sexy. Und alle machen ständig Selfies. Wie mein Freund Rainer, 51, sagen würde: »Früher war: keine Arme, keine Kekse. Heute gilt: keine Arme, kein Instagram.«

Was mache ich hier eigentlich? Wir wollten einfach mal raus, uns wild und verantwortungslos fühlen und nicht wie berufstätige Mütter Ende 30, die den Spagat zwischen Job und Haushalt turnen. Heute nicht. Heute sind die Väter dran. Wir tanzen dafür in rückenfreiem Jumpsuit und Lederleggins durch Mitt-20er in arschfreien Hosen, bauchfreien Tops und kaputtem Denim. Wobei ich mich langsam grusele, so ohne Sauerstoff in der Luft. Aber es wird noch schlimmer: Der Weg zur Toilette ist ein Kampf, das Warten in der Schlange auch.

»Ich hol uns was zu trinken, bis du wieder da bist! Kein Alkohol ist hier definitiv keine Lösung!«, ruft Julia und bahnt sich den Weg Richtung Bar. Und ich stehe. Und stehe. Bis ich mich entschließe, zu den Herren zu gehen. Und weil ich natürlich ganz schnell wieder rauswill aus diesem Kabuff der Herrlichkeit mit künstlerisch wertvollen Inschriften, falle ich regelrecht aus der Pressspanntür in behaarte Tattooarme, haue meinen Kopf gegen einen verschwitzten Oberkörper und entleere dabei meine halbe Umhängetasche.

»Hey, bisschen flott unterwegs, oder was? Alles okay?«, grinst mich ein Milchgesicht an.

»Ja, denke schon«, sage ich und frage mich nur, ob mein Geld und mein Handy noch da sind.

Dunkle Haare, Bambiaugen, zerrissene Jeans und ein Shirt, das mehr enthüllt, als es verbirgt. Hätte mir unter Umständen gefallen können – mit 25, und ohne die ganzen Gemälde auf der Epidermis. Bin ich froh, dass diese anstrengenden Zeiten des Suchens vorbei sind und ich einen erwachsenen Mann zu Hause am Babybett sitzen habe.

»Wie cool bist du denn!«, stellt das Milchgesicht fest, auf dessen Shirt *Friede dem Wellblech* steht, und reicht mir Karlottas Paninibilder, die, warum auch immer, mit ausgegangen sind.
»Nice! So retro! Steh ich total drauf! Hey, darf ich dich auf einen Gin Basil Smash einladen als Unfallwiedergutmachung?«
»Na ja, das war ja mehr meine Schuld«, murmelt mein auf dem Boden krebsendes Ich beim Aufsammeln.
»Werde ich hier gerade gekorbt?«, lacht es über mir.
Was soll ich darauf sagen? Und was hält mich eigentlich davon ab, kurz mit ihm etwas zu trinken? Die vermutlichen zwölf Jahre, die zwischen uns liegen? J. Lo und Madonna würden mit dem Kopf schütteln und mir sachte Schläge auf den Hinterkopf verpassen.
Bitte nicht falsch verstehen: Ich habe den Jackpot zu Hause sitzen. Einen Mann, der mit Mitte 20 Skilehrer/Barkeeper war (iede Frau weiß, was das heißt!) und trotzdem den Absprung ins Studium und die seriöse Erwachsenenwelt geschafft hat (iede Frau weiß, was das heißt!). Den ich liebe und der mich liebt und der jetzt sagen würde: Amüsiere dich!
Ich hänge mir meine Tasche wieder um und konstatiere: »Basilikum ist nie falsch.«
An der Bar steht Julia mit leeren Händen: »Der Depp hinterm Tresen sieht mich einfach nicht.«
»Warte«, sagt mein neuer Freund und ruft: »J., drei Smash für mich!«
Sofort klirrt Eis in die Gläser.
Julia ist rot geworden: »Weißt du, wer das ist? Das ist Pete. DER Pete, der in der Tattoo-Szene total angesagt ist.«
»Ach ja?« Ich bin raus bei so was.
»Danke schöööön, Pete!«, sagt Julia, als er ihr ein Glas reicht.
»Hab ich dich schon gestochen?«, fragt der zwinkernd zurück.

40

»Leider nein. Aber ich mache Montag einen Termin!«, stellt Julia fest. »Dann kannst du Anna ja auch gleich mitbringen«, sagt Pete. »Die braucht dringend eins. Hier.« Und streicht mir mit zwei Fingern ganz langsam über den Oberarm. »Etwas Sinnliches. Vielleicht einen Schmetterling.«

Der Blick geht tief. Hat er meinen Ehering plus Verlobungsring nicht gesehen? Meine 30-plus-Stirnfalten? Gut, so tief sind die in diesem Licht auch nicht, und meine Kaiserschnittnarbe blinkt nicht neonfarben durch Textilien, aber ich bilde mir ein, dass das alles ziemlich offensichtlich ist.

»Gott, er steht auf dich«, lacht Julia. »Bin gleich zurück. Muss mal kurz jemandem Hallo sagen.« Und lässt mich stehen mit meinem Testosteronküken.

Es macht Spaß. Aber ich betrüge. Nicht meinen Mann, der kennt mich ja, sondern mein Gegenüber. Ich bin nicht auf der Suche, nicht mehr grün hinter den Ohren, nicht mehr hoffnungslos dem Gedanken verfallen, wie Demi Moore in *Ghost* zu töpfern. Ich liege in meinem Hafen so was von happy vor Anker, ich fahre nur mal kurz raus und atme eine frische Brise. Ich will nicht in See stechen und auf große Fahrt gehen. Ist ja nicht verboten. Aber fair? Man flirtet nur als Frau in Gegenwart seiner Kinder tendenziell nicht so häufig, was es gerade jetzt so reizvoll macht. Und schon gar nicht mit jemandem, der vermutlich mit IKEA durchmöbliert ist und sich noch unsterblich fühlt. Der vermutlich eher über Sex als die bessere Krankenkasse sinniert. Oder darüber, ob er sich das eine oder andere Gras in einen Lollipot pressen lassen würde, und nicht, wie man es am besten zwischen Gehwegsteinen entfernt. Es hat ja alles noch so viel Zeit.

Kurz muss ich schmunzeln und an die Männer denken, die mir im Alltag begegnen: Viele ausgebeulte Familienväter, einige davon scheinen ihre Männlichkeit nach Eheschließung an der Tür abgegeben zu haben, die vermutlich jeden Tag verbal Prügel beziehen und wie in der Hundeschule abgerichtet ihre Kinder von der Schule abholen, mit eingezogenen Ohren. Als Mann sich seine Würde zu bewahren muss mit den meisten Frauen ein harter Kampf sein. Zum Glück habe ich nicht so einen Puschel zu Hause – bin ja auch kein Drache. Jedenfalls meistens. Aber die Männermehrheit schleicht gebeugt herum, finde ich. Zumindest wirkt es auf mich häufig so. Pete ist frei davon, er muss keinen Essens-Schlaf-Rhythmus eines Minimenschen einhalten, anderen Schuhe und Nase putzen und regelmäßig pünktlich aufstehen, vermutlich ist seine einzige Sorge Papis Dauerüberweisung und ob er sich nach der Spontanübernachtung noch rausschleichen kann oder doch frühstücken muss. Er kann egoistisch sein und in den Tag hineinleben, und das strahlt er auch aus. Zeit ist für ihn relativ, manchmal sind die Nächte kurz.

Für mich sind die Tage lang, die Jahre kurz. Für ihn sind die 90er eine Zeit, die gerade »in« ist, für mich meine Teenagerzeit. Oder wie Johanna es neulich formulierte, nachdem ihr Friseur aus »bitte nur die Spitzen« einen Überraschungsbob kreierte: »Ich bin also mit Samthaarreif ins Büro – für mich ein kleines Revival meiner Jugend, und meine Sekretärinnen sagen dann: ›Wow, Sie sehen so modern aus, so Blair-Waldorfish, die 90er sind ja eh mega-in!‹«

»Ist das Tinderella?«, fragt ein Freund von Pete in der Gegenwart, der sich als Egg Sy vorstellt.

»Nein, interessiert mich nicht mehr«, sagt Pete und schaut mich wieder so an. Und: »Ich glaube, ich komme morgen nicht in die Vorlesung!«

»Alter!« Zwei Männerfäuste schlagen ein.

Ich brauche einen Moment – je ne parle pas enfantile. So ahne ich mit etwas Zeitverzögerung, was hier los ist. Ich muss das hier auflösen.

»Du studierst?«

»Ja, Jura, eigentlich, aber momentan eher das Leben.«

»Kann ich gut verstehen. Habe ich in deinem Alter auch gemacht.«

»Ach ja? Wie alt schätzt du mich denn?«

»25?«

»Ich bin süße 27!«

»Das ist wirklich süß! Ich bin elf Jahre älter als du. Und habe zwei Kinder mehr. Verrückt!«

Kawuuuuuum. Für einen Moment piekst es kurz, als sich der Gesichtsausdruck meines Gegenübers verändert, das Interesse ist blitzartig erloschen, die Desillusionierung steht ihm ins Gesicht geschrieben. Aus dem jungen Mann mit den breiten Schultern ist »Kevin allein zu Haus« geworden. Fast möchte ich ihn streicheln und sagen: »Bis du heiratest, ist alles wieder gut.« Ausflugsende. Vielleicht kreuzt Tinderella seinen Weg ja nachher noch.

Und in dem Moment, als auf der Bühne ein »Hurensohn« rappt, dass er meine »Mudda« schwängern wird, weil ich eine »Yogafotze« bin (ernsthaft jetzt?), passiert es: Es wird plötzlich alles ganz leise um mich herum. Kein Laut mehr. Meine Ohren sind taub, wie in Watte gepackt. Vor meinen Augen tanzt der Raum, kleine schwarze Punkte entstellen wie Pixelfehler das, was mein Auge sehen sollte. Und es sind nicht meine getuschten Wimpern. Es wird kalt und warm. Und ich merke noch, wie ich Richtung Pete keuche: »Mein Kreislauf …«

Ich liege auf einem abgewetzten schwarzen Ledersofa, das nach Bier und Nikotin duftet. Meine Waden wiegen Tonnen. Alles dreht sich. Unscharfe Gestalten beugen sich über mich und fragen eine Person neben mir in Weiß, die auf meinen Puls drückt, was denn mit mir sei. Ich denke: Wer ist das, und warum zerquetscht er mein Handgelenk?

»Dein Puls ist immer noch zu niedrig, trink mal eine Cola.« Der Mann in Weiß sieht mich an, als wäre ich eine Vollwaise ohne Freunde, die auf Platte lebt. Pete ist nirgends zu sehen. Kann man so beleidigt sein, dass man seinen Kurzflirt einfach so liegen lässt? Wäre ich jetzt Mitte 20 – der Abend wäre gelaufen. Ich wäre tief enttäuscht von meinem Prinzen, der nicht auf dem weißen Pferd herangaloppiert wäre, der nicht die Hand auf meine Wange gelegt und geschluchzt hätte: »Bleib bei mir. Ich habe dich doch gerade erst getroffen! Würden wir uns kennen, würden wir uns lieben. Und ich liebe es jetzt schon, dich zu kennen.« Da steigt auch der Puls relativ flott wieder.

Ich dagegen möchte nur von diesem Sofa runter – oder es mit Desinfektionsmittel behandeln. »Ich habe jetzt gerade kein Bargeld«, murmele ich. Hat ja Julia.

»Dann kriegst du jetzt Zuckerwasser. Zu viel getrunken? Ihr wisst auch nie, wann Schluss ist, was?« Der Typ in Weiß hat kein Herz und hält mich für eine Bekloppte.

Dabei bin ich nüchtern wie eine Nonne. Gott, ich muss ja so was von jung aussehen! Fühle mich gleich besser! Das müde Ich, das ich jeden Morgen nach den durchwachten Kleinkindnächten im Spiegel sehe, scheinen andere offenbar gar nicht wahrzunehmen. Dieser Abend ist wie Botox, nur billiger.

Da kommt Julia mit Pete um die Ecke: »Hey Süße, geht's dir gut?«

»Bist du nicht dieser Pete?«, fragt der Mann in Weiß.

»Ja, wieso?«

»Du hast meine Tochter tätowiert …«

Pete sagt nur leise: »Oh …«, bis sein Gegenüber weiterredet: »Ist echt gut geworden! Ich überlege jetzt auch, ob ich mal bei euch im Studio vorbeikomme.«

Und so wird zwei Sauerstoffetagen über mir diskutiert, was man sich denn stechen lassen könnte. Die Männer sind so vertieft, dass Julia und ich uns unbemerkt aus dem Staub machen. Nüchtern betrachtet waren die 20er echt lustig – in besoffen. Im Taxi sind wir uns einig: So ein Ausflug ist herrlich, aber unsere Leben sind so nice – die leben wir definitiv weiter! Alter!

Heute nicht: Stress plus Selbstzweifel

Das Rotlicht springt an. Die Bühne wartet. Und ich stehe an einer langen Treppe und weiß, gleich stehe ich im Scheinwerferlicht. In Gedanken gehe ich die Begrüßung immer wieder durch, bestimmt zum 587. Mal. Ich habe eine längere Moderationspause hinter mir, und die merke ich jetzt auch: Das Ego kauert in der Ecke und flüstert hinter dem Vorhang: Kannst du das noch? Der Kopf sagt: Logisch! Ich mache das seit fast 15 Jahren. Das ist wie reiten und Fahrrad fahren! »Und wenn nicht?«, fragt das Ego zurück, als wollte es wie Theresa nach einem Schnuller fragen. Wohlgemerkt, nachdem sie verkündet hat, sie könne längst ohne und sei reif für die »Nullerfee« für die nächtliche Abholung aller Sauger.
In genau diesem Moment ärgere ich mich, dass mir eine gewisse Überheblichkeit fehlt. Ich muss mich vor mir immer wieder beweisen, während alle anderen wissen, es läuft sowieso. Warum eigentlich? Ich bin erwachsen, ich kratze bald an der Latte mit der 40 drauf – da gehört doch permanente Souveränität zum Ende-30-jährigen Charakter dazu, verdammt.

»Anna, noch 10, 9, 8 …!«, höre ich auf meinem Innenohr und gehe auf meinen elf Zentimetern los. Es gibt kein Zurück. Es gibt nur Augen zu und durch. Der letzte Akkord der Band. »Und damit ganz herzlich willkommen!« Mein Mund redet, kann alles ohne einen einzigen Blick auf die vorbereiteten Karten, und nach dem ersten Satz läuft der Abend wie geschnitten Brot. Wie immer halt.

Zwei Stunden später sitze ich über einem fleischlosen Fleisch, bekomme Komplimente und schüttele innerlich den Kopf über mich selbst. »Was läuft nur falsch mit dir?« Warum mache ich mir immer so einen Stress? Klar, etwas Lampenfieber gehört in dem Job immer dazu, aber eins, das von Vorfreude und »Jetzt komm ich!« geprägt ist. Und nicht von Stress. Warum machen wir uns den? Wir kochen ihn uns täglich wie den ersten Guten-Morgen-Kaffee, als könnte man nicht ohne.

Manchmal ist Stress ja auch schick, wie ein Modeaccessoire, immer eine gute Ausrede, passt immer, versteht jeder. Aber im Prinzip macht er uns einfach nur kaputt. Der geborene Saboteur. Fürs Selbst. Fürs Bewusstsein. Und eigentlich nur ein anderes Wort für Angst. Nicht schnell genug zu sein, nicht gut genug zu sein, nicht perfekt genug vorbereitet zu sein. Und sobald man kleine Menschen im Haushalt hat, also Mama ist, und ständig in allem unterbrochen wird, setzt er sich auch noch regelmäßig auf deine Brust und wippt da, dass die Rippen knacken. Bekloppt.

Hinzu kommt bei mir immer dieser gefühlte Identitätswechsel. Als Mama sind so ganz andere Qualitäten gefragt als als Frontsau. Der Fokus beim Muttersein liegt ja mal gar nicht auf dir, er könnte vermutlich nicht weiter weg sein. Du versorgst, tröstest, schaust voraus und guckst vielleicht einmal morgens und einmal abends in den Spiegel. Als Moderatorin denkt man bestenfalls: Natürlich ich. Wer denn sonst? Love my Spiegelbild! Alles ist meins: Mein Auftritt. Mein Styling. Meine Veranstaltung. Klar, fürs Publikum, aber irgendwie muss es ja einen Grund geben, warum man allein davor steht. Für mich passt das manchmal nicht ganz zusammen. Ich muss mich regelrecht berappeln und in meine Rolle springen. Wie mag es da erst Anwältinnen, Polizistinnen oder Steuerfahnderinnen gehen? Die Ersten, die mir gerade eingefallen sind, wo ich auch eine Diskrepanz erahne.

Und all diese Gedanken und der ganze Druck wurden plötzlich in die Wüste geschickt von Karlotta, die ich eigentlich nur ins frisch bezogene Bett kuscheln wollte, bis es zu diesem Gespräch kam: »Mama, weißt du, was ich mache, wenn ich traurig bin?«

»Ich dachte, du kommst dann zu mir?«

»Ja, tue ich auch, aber ich meine dieses Traurigsein, das man gar nicht einordnen kann, eher schlechte Laune. Dann lese, schreibe oder summe ich und kann an das Traurige nicht mehr denken – und sofort bin ich nicht mehr traurig. Das kannst du doch auch machen?«

»Ja, Erwachsene sind manchmal wahnsinnig umständlich.«

»Ja, ihr seid immer im Stress, dabei gibt es den ja gar nicht. Der klopft ja nicht an die Tür und sagt: ›Hallo, mach Kaffee jetzt! Und back mir Kuchen!‹ Der ist ja nur in euren Köpfen!«

»Du bist so klug, mein Schatz!«

»Eigentlich musst du dich ja nur auf das, was du gerade machst, konzentrieren und nicht immer an das Nächste denken. Wenn du ein Kapitel schreibst und vor deinem Laptop sitzt, im Bett liegst und schläfst oder durchs Haus rennst und schimpfst, wir sollen nicht den ganzen Dreck reintragen. Dann sitzt du, liegst du oder rennst du. Und sonst machst du nichts. Und wenn du den Zeitdruck und den Stress wegschickst, dann ist der gar nicht anwesend. Eigentlich. Dann bist du nur eine sitzende, schlafende oder schimpfende Mama. Das ist ja nur deine Angst, dass der Tag nicht für all das reicht, was du dir heute vorgenommen hast. Mal davon abgesehen, dass es auch nur du bist, die das heute erledigt haben will.«

Was für eine Philosophin meine große Tochter doch ist! Ich bin etwas baff. Andere buchen für so was einen Online-Coach oder gehen in Selbstfindungsseminare.

»Ja, leider. Wobei es ja manchmal auch Termindruck gibt. Das kennst du ja auch von den Hausaufgaben.«

»Stimmt. Aber wie viele Dinge sind das wirklich?«

»Frau Funck, meinen Sie, Sie könnten sich unser Event für nächstes Jahr gleicher Tag in Ihren Kalender schreiben? Wir würden Sie jetzt schon gerne fest buchen.«

Mein Kunde linst in meine Garderobe und zwinkert.

»Sehr gern!«, grinse ich.

»Kommen Sie noch mal zu uns? Ich würde Ihnen gerne ein paar Gäste vorstellen.«

»Ja, klar. Ich packe nur kurz zusammen und komme gleich nach«, sage ich.

Als die Tür zufällt, mustere ich mein geschminktes Gegenüber mit den einzelnen Klebewimpern, quasi Eintagsfliegen fürs Auge. Tage voller unterbrochener Vorbereitung für diesen Abend liegen hinter mir, ich war mir unsicher, ob ich fit genug in den Themen war. Offenbar, nein ganz sicher, war ich es doch. (Allein diese zögerliche Wortwahl! Da fängt's ja schon an.) Trotz »Mama, machen wir zusammen Hausaufgaben?«, »Mama, Theresa hat eine Heftzwecke im Fuß!«, »Mama, du musst ihre Windel wechseln, ich kann nicht mehr atmen in meinem Zimmer!«, »Mamiii, tanzen, jetzt!«, »Mamiii, Hunger hab ich!«, »Mamiii, Jiiijäää!«.

Unbegründete Zweifel am Selbst scheinen etwas durch und

durch Weibliches zu sein. Wenn ich mich in meinem Freundeskreis umhöre, kommt unter meinen Freundinnen durch die
Bank: »Ja, ich hatte total Angst vor dem Termin / dem Mee-
ting / der Moderation, aber es ist dann super gelaufen.« Männer
sagen so was gar nicht. Warum das so ist? Ich täusche mal nichts
vor: Habe keinen blassen Schimmer. Vielleicht reflektieren sich
Frauen mehr. Vielleicht wollen wir es allen recht machen, um
uns als Teil des Ganzen zu betrachten. Erhöht die Lebensdauer,
zumindest früher in Höhlenzeiten. Vielleicht sind wir als sozia-
le Wesen abhängiger davon, uns positiv in anderen zu spiegeln,
während Männer häufig eher Einzelgänger sind.

Dabei sind Frauen doch per se die personifizierte Zuversicht,
finde ich. Schließlich ist eine neue, unbekannte Aufgabe ein
bisschen wie eine Schwangerschaft: Da muss man auch einfach springen und darauf vertrauen, dass alles gut sein wird.
Leben ist ein Wagnis. Also wagen wir es. Und zum Glück ope-
rieren wir ja nicht am offenen Herzen – alle Chirurginnen, die
das hier lesen, jetzt mal ausgeschlossen. Sorry, Mädels. Aber
das nächste Mal, wenn ich herumunke, etwas nicht zu können
oder nicht gut genug zu sein, habe ich mir fest vorgenommen,
meine innere Pippi Langstrumpf heraufzubeschwören. Die
hat nämlich mal gesagt: »Das habe ich noch nie versucht, also
bin ich völlig sicher, dass ich es schaffe.«

Mein Herz und ich

Heute nicht: chronisch gut drauf sein

Du willst immer gut drauf sein, in dir ruhen, die Sonne im Herzen tragen auch bei Nieselregen? Kein Problem! Der Trick der Eso-Hipster: spirituelle Weiterentwicklung. Machen jetzt alle, auch die Nichtspirituellen. Heißt: Dein Leben kann so bleiben, ist total super. Du musst nur dich ändern. Beispiel gefällig?

Es ist ein ziemlich montagiger Dienstag (Kinder am Vorabend zu spät im Bett, alle wieder zu früh hoch, und mein Kreislauf schläft eigentlich noch), und ich treffe Yogalehrerin Satya, die eigentlich Anja heißt, permanent an sich feilt und der aus jeder Pore die Sonne scheint, zufällig am Gemüsestand im Biomarkt.

»Annaaa!« Sie ist ganz sie selbst, voller Liebe und Mitgefühl, total beseelt, wie jeden Tag halt.

Einziger Haken: Ich bin es nicht. Ich bin ich. In Hetze, auf der Suche nach Nahrung, mit einem quengelnden Kind auf dem Arm, außerdem einem kaputten Autoschiebedach bei Dauerregen, schlecht sitzenden Haaren und UGG-Boots mit Wasserrändern. Und fühle mich gleich noch drei Nummern schlechter.

Dann kommt auch noch von der Erleuchteten: »Du musst dir unbedingt den Podcast von dem und dem Life Coach anhören. Der macht einen neuen Menschen aus dir. Du lässt alle deine Themen hinter dir und kitzelst dein Higher Self raus. Großartig.«

»Und wenn ich auf dem Boden bleiben will?«, frage ich. Und mich: Wo bleibt heute das Verständnis für die Nichtspirituellen? Die, die nicht immer so rise and shine sind. Die auch mal dark and down sind. Die an diesem Tag mal nicht die Fülle spüren und nicht mit glutenfreiem Haferbrei in den Tag gestartet sind? Sondern unter Zeitdruck einkaufen, das Essen anbrennen lassen, verzweifelt Büros und Kinderzimmer entmüllen, Ablage machen, ihre bekloppten Chefs/Steuerberater/Vermieter/Krankenkassenansprechpartner/die Telekom anrufen, die vom Higher Self noch gar nichts gehört haben? Menschen, die nicht dreimal am Tag meditieren, die ohne nächtliche Detox-Fußmaske ins Bett gehen? Die auch mal unauthentisch und kraftlos auf dem falschen Weg ohne Ziel loslaufen wollen?

Mein Gemüse landet etwas sehr fest im Wagen. Möhren fehlen noch. Ja, ich bin ja nicht zum Spaß hier, um das Orange der Karotten zu bewundern und mich vor der Natur zu verneigen. Auch wenn ich mich sehr daran erfreuen kann, wenn alle satt und zufrieden vom Tisch aufstehen und ich weiß, sie haben jetzt richtig viel Sulforaphan und Carotin in der Blutbahn.

»Was soll das denn heißen? Du arbeitest gar nicht an dir und deiner Persönlichkeit?«, fragt mich Fräulein Yogi zwischen Warentrenner und Wechselgeld.

»Doch. Aber heute nicht«, entgegne ich und knalle den Brokkoli aufs Kassenband, dass die Rösschen aufschreien.

Ich gebe es zu: Ich wäre schon gerne permanent peacig und dauerdankbar. Aber es gibt auch diese Tage, an denen einfach alles schiefläuft, Theresa mir ihre Holzbausteine auf den Zeh knallt, der Kaffee überschwappt und ich am liebsten einen Ziegelstein in die Handtasche packen würde. Zum schöneren Schwenken, wenn mich wer nervt. Und mich anschließend böse in mich hineinfreuen.

»Tja, also dann! Schön, dich getroffen zu haben.«

Ernsthaft? Warum mich solche Menschen so aufregen? Ich denke: Es ist einfach verlogen, immer übertrieben und spirituell übermotiviert gut drauf zu sein. Wer ruht denn sieben Tage die Woche in sich, außer dem Dalai Lama? Generell scheint schlechte Laune ein Tabuthema zu sein. Dabei könnte man sich dem Unbehagen, dem Stresspegel, der Reizbarkeit doch auch mal annähern und einen gesunden Wandel anpeilen? Muss ich mich den Erleuchteten anpassen? Und wer ist jetzt weiter? Bin nicht eigentlich ich die Erleuchtete, die ihren Gefühlen viel näher ist? Die sich selber viel mehr auf den Zahn fühlt? Spirituelle Weiterentwicklung scheint mir eher eine neue Untergruppe der Bärtchen-Hipster-Szene zu sein, bei der auch über 40-Jährige ohne Bart mitmachen können. Das Ideal: die gute Laune, die Liebe zum Moment, zur Kleinigkeit. Fühle sie! Sofort und sekündlich! Oder eben den Anpassungsdruck!

Der Markt hat umgestellt – natürlich heute, war klar. Wo ist das Spülmittel, das ich vergessen habe? Dem bin ich ja so dankbar, denn ohne würden meine Teller und Gläser ja nicht sauber. Und wie sähe mein Leben dann aus? Liebe deine Spülmittel! Das Leben ist schön.

Also, bitte nicht falsch verstehen: Ich bin ein Fan vom Blickwinkeländern. Nur darf das Leben auch in Wellen gehen. Irgendwann hat man schließlich genug von C-Dur, Moll klingt auch ganz schön. Und wer die 20er hinter sich gebracht hat, weiß ja auch: Nach Regen kommt doch immer Sonnenschein, und manches Gefühl muss man durchleben. Ja, ich bin auch positiv eingestellt. Das ist in Ordnung. Aber das Diktat der guten Laune macht mich aggressiv. Zu künstlich. Das Leben ist schließlich kein Wellnessklub. Wer jeden Tag am Pool liegt, hat irgendwann Lust auf Schnee.

Warum wollen denn neuerdings alle immer nur die Sonne – warum nicht den Mond? Permanent Sonne verbrennt doch nur, schreibe ich meiner Freundin Freddy in Leipzig, an die ich gerade denken muss. Freddy, bei der ich mich immer ausheulen kann. Wegen der schlimmen Grundschulaufstehzeiten, dem Kleinkindschlafentzug, dem Spagat zwischen Kindern, Job, Mann und Wäscheberg.

80er-Revival auf der Epidermis?, kommt die Antwort mit einem Zwinker-Smiley.

Ich liebe unsere Jammerfreundschaft. Auch wenn's uns nicht schlecht geht, was meistens der Fall ist. Aber wenn es drauf ankommt, sind wir füreinander da und machen uns nichts vor. Jammern und sich verstehen – das verbindet.

Meine alte Klassenkameradin Ellen schreibt mich spontan über Facebook an, weil sie in der Gegend ist. Ich bin seit Jahren nicht zu den Klassentreffen gegangen, aber Ellen allein auf ein Käffchen mit Kindern klingt toll, und so verabreden wir uns im Barefoot Hotel am Timmendorfer Strand. Und es fühlt sich an, als hätte ich ihr noch gestern zugeraunt: »Schieb den Spicker tiefer in den Ärmel, Ellen!« Wobei ich das nie gemacht habe, denn wir waren nicht besonders eng zu Schulzeiten, sind uns aber jetzt sofort nah. Denn Ellen macht keine Show. Sie sitzt da in süßen Gummistiefeln, sieht toll aus, turnt aber genauso unentspannt zwischen ihren zwei kleinen Kindern hin und her wie ich.

Sie erzählt: »Ich bin nur Mutter, der Job meines Mannes bringt einfach mehr. Was das Leben mit Kindern wirklich bedeutet, sagt einem vorher eigentlich keiner, oder?« Oder: »Wir leben in Nürnberg, und ich finde es furchtbar dort.«

Ich bin begeistert von so viel Ehrlichkeit und finde sie einfach nur toll. Ich kann alles nachvollziehen, und so sitzen wir da und nicken uns zu, ohne zu nicken. Als die Kinder beschließen, die Gläser mit den zwei verschiedenen Zuckern zu mischen, lehnen wir uns nur noch weiter in die Sofakissen, auch als sie das Ganze dann auf dem Tisch verteilen und schließlich eine Art Zuckersandkiste aus unserer Kaminecke machen. »Hauptsache, wir können reden.« Einzeln hätten wir uns das vermutlich nie getraut, aber zusammen ist es plötzlich ganz leicht, fünf mal gerade sein zu lassen. Und der Boden ist aus Holz, ganz asozial sind wir heute also nicht. Die Bedienung ist auch ganz begeistert von unserer Zen-Einstellung. (Okay, eher nicht.) Wir lachen, aber grinsen uns nicht durchgängig an. Keine von uns gibt Ratschläge, keine weiß etwas besser. Sagen, wie es ist, kann ja so befreiend sein. Eine schöne emotionale Fassade hat jedenfalls noch kein Inneres renoviert.

Ich möchte sogar behaupten: Schlechte Gefühle können großartig sein. Ein Signal. Ein Hallo! Natürlich nicht unbedingt in dem Moment. Aber ich glaube kaum, dass Otto Lilienthal total gut drauf war und dauergrinsend in den Himmel glotzte, als er sich überlegte, dass der Mensch, inspiriert vom Flug der Vögel, eigentlich auch abheben könnte. Er war unzufrieden, denn ihm fehlte etwas. Nämlich ein Flugzeug. Welch Glück.

Aber ich gebe zu: Ich bin nicht ganz frei vom Ich-will-dazugehören. Es kam der Tag, an dem auch ich ein Gute-Laune-Terrorist werden wollte. Quasi zur Probe. Ich ging zum Yoga. Mit dabei: meine Freundin Ella, erfolgreiche Businessfrau im Online-Marketing, 43, schärfster Humor Hamburgs, nach eigener Einschätzung »gut im Futter«. Unser Ziel: Entspannung für Dauer-Selbstständige. Unsere kanadische und knöchrige Yogalehrerin Yolaine (»So schön, dass ihr da seid!«) hatte die Fenster der Hamburger Altbauwohnung weit geöffnet, Vögel zwitscherten, es duftete nach Kräutertee und Räucherstäbchen. Gut, dachte ich, die macht keine halben Sachen. Ihre Freundlichkeit war zum Steineerweichen, vielleicht etwas klebrig. Der Blick auf Ellas Gucci-Tasche auch. Aber, hey, solche Menschen kennen keinen Neid.

»Und jetzt lachen wir alle mal ganz laut und aus tiefstem Herzen!«

»Echt jetzt?« Ella guckt mich an und rollt mit den Augen. Danach dehnen wir ein bisschen, grüßen kurz die Sonne und machen eine Brücke.

»Und wir gehen in den Kopfstand!«

»Kopfstand? Da muss ich passen.« Ich machte einen respektablen Moonwalk Richtung Teekanne und gab vor, großen Durst zu haben. Während Ella ganz taff tatsächlich nach fünf Minuten auf dem Kopf stand. Und japste: »Nee, das geht nicht. Und das kann auch nicht gesund sein. Meine Brüste ersticken mich gleich. Das ist nicht entspannend.« Ella rollte wieder rum.

»Du kannst aaaalles, wenn du nur willst. Überwinde die Grenzen in deinem Kopf. Du musst nur ein positives Mindset kreieren. Vergiss den Raum. Alles Materielle. Sei nur pures Sein. Spür die Fülle. Das Glück in eurem Leeeeben«, schlug Yolaine strahlend vor, als hätte sie zum Frühstück LEDs geschluckt.

»Ich bin besonders dankbar, wenn ich hier ohne Strafzettel rausgehe«, flüsterte ich Ella zu, die im Armstand mit sich rang.

»Du hast noch niiiiieeee Yoga oder generell Sport gemacht, oder?«, fragte Yolaine Ella mit hochgezogener Braue.

»Doch, aber ich bin selbstständig, glücklicherweise extrem gut gebucht und habe Holz vor der Hütte, dessen Gewicht ich mir nicht weghalluzinieren kann. Yoga habe ich zuletzt auf den Malediven gemacht.«

»Really? Wir gehen aaaalleeee in den Krieger. Auch Ella, die alles schon von den Malediven kennt.« Das Grinsen hatte etwas Herablassendes.

Ich war irritiert. Als hätte Yolaine die Weisheit für sich gepachtet und wir keine Ahnung. Verurteilung bei den Vorurteilsfreien? Bei denen, die immer entspannt sind und frei von allem? Vielleicht können Berufs-Positiv-Aktivisten auch nicht anders, als im Wettkampf des Lebens ihre spirituelle Überlegenheit zu demonstrieren?

Ella scheint ähnlich zu denken, als sie vorschlägt: »Yolaine, wie wäre es als Nächstes mit der herabschauenden Bitch?«

Wer wachsen will, muss fühlen. Oder wie Johanna gerne sagt: »Sonne im Arsch hilft mir im Leben nicht. Schon gar nicht im Job. Ich glaube an mich und meine Fähigkeiten und vertraue auf meine mal besser, mal schlechter gemeisterten Erfahrungen in meinem bisherigen Leben und auf meine Lieben.«

Gehe ich mit, denke ich. Und außerdem: Ich möchte heute durch den Regen gehen und ein bisschen weinen. Ein Gedicht lesen und Tee trinken. An meine verstorbene Mutter denken. Das kaputte Autodach. Die übergeschwappte Tasse. Große und kleine Katastrophen. Morgen bin ich wieder dankbar. Aber heute möchte ich traurig sein wie ein Kind und zwei Kleenexboxen kaputt weinen. Einfach so. Ich lasse mich liebevoll hängen. Schminke die zerlaufene Wimperntusche nicht ab und schleiche wie ein Vampir ums Haus. Die Kinder sind an ihre Patentante verkauft, und alles ist gut, wie es ist. Morgen ist wieder bunt, heute mal grau. Ich mach mal Gedanken-TÜV. Hallo, Gefühle, wie geht's euch so? Jemand zu Hause? Ab auf die Hebebühne mit euch. Einmal durchchecken. Macht man mit seinem Auto ja auch. Und da möchte ich vom Kfz-Heinzi ja auch, dass er ordentlich nachguckt und nicht grinsend sagt: »Sieht doch super aus der Wagen, der wird schon okay sein, einfach positiv bleiben.«

Als ich mit nassen Haaren den Boden voll tropfe, muss ich tatsächlich fast schmunzeln. Ich bin ganz bei mir, alles ausgelebt, ausgefühlt, alles fein. Und mir fällt ein, wie ich das erste Mal vom Pferd fiel. Mein Shetlandpony war ein Mistvieh und nutzte gerne Hänge, um zu buckeln und mich abzuwerfen. Ich saß heulend und zeternd im Hauseingang und schwor meinem Vater, dass es vorbei sei mit dem Reiten und der Pferdeliebe. Nie wieder Wendy.

Der ließ mich schimpfen, gegen den Vorsprung treten, eine Apfelschorle auf ex austrinken und sagte am Ende: »Und morgen steigst du wieder in den Sattel.«

»Niemals, das war's mit dem Pony! Immenhof ist durch!«

Am nächsten Tag galoppierte ich lachend über die Koppel hinterm Haus. So kann's gehen, wenn man den Miesepeter zulässt und die Entwicklung durchläuft: Warum eigentlich nicht?

Und bitte nicht falsch verstehen: Ich liebe euch alle! Gerade die Erleuchteten! Nur den Dimmer, den könntet ihr auch mal benutzen.

Heute nicht: es allen recht machen

Eigentlich können wir gar nichts dafür, dass wir es immer allen recht machen wollen: Ist ein uraltes Steinzeitprogramm, das in uns abläuft! Ich wusste es schon immer. Ergo: Mach, was alle machen, und du wirst nicht gefressen. Aus der Reihe zu tanzen war einfach nicht besonders gesundheitsfördernd. Und da steht man dann heute und ist immer noch ein Neandertaler im Kopf. Und prüft: Bin ich passend angezogen? War das jetzt höflich genug? War das blöd, dass ich das gesagt habe? Mögen die mich?

Meine Freundin Elisa macht so was alles nicht. Sie ist einfach sie. Sie ruft mich meistens nur an, wenn sie etwas will, zum Beispiel meine Gesellschaft. Wenn sie die nicht will, ruft sie auch nicht an. Da gibt's keine Höflichkeits-muss-mich-ja-mal-melden-SMS. Ich will auch mehr wie Elisa sein. Oder wie mein Friseur und Stylist, übrigens der beste aus ganz Hamburg, Sascha. Der sagte neulich mit spitzer Schere in der Hand: »Paragraf 1: Jeder macht seins. So einfach ist das doch.« Fand ich großartig. Und damit fange ich heute an: Ich plane einen ganzen Tag, an dem ich es niemandem recht machen will. Außer vielleicht meinen Kindern, aber denen mache ich es nur recht, damit sie es mir recht machen.

Aber erst mal brauche ich etwas Hilfestellung. Ich rufe meinen alten kaviarbesessenen Freund Sascha, 46, Promifernsehredakteur, Porschefahrer, Lebemann, an, der es wirklich nie jemandem recht macht. Im Gegenteil: Er führt einen sehr dekadenten Lifestyle, hat keinen Tagesablauf, kennt kaum Konventionen, postet auch nachts nach ein paar Gläsern Wein private SMS bei Facebook und führt einen erbitterten Kampf mit seinen Nachbarn, denen er unterstellt, nicht nur Lehrer, sondern auch noch Veganer zu sein. Die für ihn verabscheuungswürdigste Kombination zweier Entscheidungen im Leben eines Menschen.

»Wie soll ich dir dabei helfen? Ich kann dir nur einen Rat geben: Zieh es einfach durch, sei du selbst, ohne Rücksicht auf Verluste, sag, was du denkst, sei bequem und verhalte dich, als gäbe es kein Morgen. Als würdest du morgen zu den Sternen entschweben, ma chère. Das ist ab jetzt deine Haltung.«

»Okay«, sage ich und lege gedanklich eine Handkante an die Schläfe.

»Warte mal. Ich bin gerade an der Tanke kurz vor Hamburg …«

Sascha ist immer an irgendeiner Tankstelle. Meistens auf dem Weg zu irgendwelchen Adeligen, die er interviewen will, und meistens irgendwo im Nirgendwo in der Nähe eines Schlosses. Also irgendwo auf dem Land, in der Pampa, wo man die Bürgersteige früher hochklappt.

»Würden Sie es jetzt auch mal unterlassen, mir so auf die Pelle zu rücken in Ihrer ganzen billigen tiefergelegten GTI-Herrlichkeit? Die Unterschreitung der Individualdistanz macht mich nämlich rasend. Oder was würden Sie sagen, wenn ich bei Ihnen in Hamburg-Rissen Ihrer Frau ungefragt die Zunge in den Hals stecken würde? So in etwa benehmen Sie sich hier gerade. Gehen Sie jetzt bitte in Ihren Tanzbereich. Danke!«

Pause. »Anna, bist du noch dran?«

Ich bin mehr als zufrieden. Mehr Lehrbuch geht nicht. Wie oft habe ich das schon gedacht, wenn mir jemand auf die Pelle gerückt ist, aber nie etwas gesagt? Schuld daran sind ganz klar meine Eltern, die einen viel zu netten Menschen aus mir gemacht haben. Ich bin immer höflich, voller Respekt für meine Mitmenschen. Besonders älteren gegenüber. Auch wenn die sich total danebenbenehmen. Und ich sage selbst dann noch »Entschuldigung, ich stand auch wirklich blöde im Weg!«, wenn die mich mit dem Gehwagen überrollen oder mich mit dem Krückstock in der Gemüseabteilung für eine Kreuzigung präparieren. Richtig bescheuert. Damit ist ab sofort Schluss. Ich bin schließlich fast Ende 30 und zweifache Mutter. Ich habe mir meinen Parkplatz oder den Kopf der Kassenschlange genauso verdient wie Oma Kasuppke. Oder wie es Schriftsteller Luciano De Crescenzo mal in einem Interview sagte:

»Weißt du, wir sind alle gleich. Ab und zu gibt es mal einen Hitler, aber eigentlich sind wir alle gleich.« Sprich: Wir wollen alle im Herdentrieb gemütlich vor uns hinleben. In Sicherheit, Geborgenheit und Liebe. Nur vergessen das einige Menschen ganz gern – und dann bin ich die Blöde. People Pleaser nennt man solche wie mich. Nein, nannte. Mein neues Soziologen-Mantra: Was andere über dich denken, ist ihre Sache.

Und es ist mir egal, wie Sie das finden. Ich mach das jetzt – und starte im Gesicht. Ich gehe ungeschminkt aus dem Haus. Oh, wie mutig, wird jetzt der eine oder andere denken, und man könnte das Emoticon dahinter setzen mit dem Smiley, der die Augen verdreht. Das klingt nicht gerade weltbewegend. Aber ist es doch. Wenn ich Alice-Schwarzer-mäßig aus der Tür gehe, naturbelassen, mit nackter Epidermis, dann ist das schon etwas Besonderes. Make-up riecht nämlich verdammt nach »Ich mach es euch recht.« Auch wenn viele Frauen jetzt aufspringen und rufen werden: »Ich tu das nur für mich!« – stimmt so nicht. Oder tuschen Sie sich die Wimpern auch sonntags zur Jogginghose und ziehen sich die Lippen in Ihrer Sofafarbe nach? In der Behauptung, sich für sich selbst zu schminken, steckt viel Unabhängigkeitsideologie. Und wenn man Single ist und auf Beutefang, dann stimmt das auch. Dann ist Make-up die Rüstung auf der Männerjagd. Eine Goodfeel-Strategie. Schutz, Lockmittel, Positionierung, Kommunikationshülle. Aber auch die zielt immer auf das Gegenüber. Also wieder nicht für sich selbst.

Hat man den Mann der Träume dann gefunden, an die Kette gelegt und Kinder in die Welt gesetzt, ändert sich so einiges. Zum einen wird die Zeit vor dem Spiegel logischerweise knapper, zum anderen fragt man sich: Wofür? Schminken, um zu flirten? Als Schwangere? Mit Kinderwagen? Mit Ring am Finger und Augenringen unter den Wimpern? Lohnt sich alles nicht.

Als Mutter wird man durchsichtig – Puder und Wimperntusche werden dann wieder mehr zum Schutz vor dem Trauma, wenn man nach kurzen Nächten in den Spiegel schaut. Als Mittel zur Anpassung an die Normalschlafenden. Zur Tarnung. Nicht umsonst heißen Concealer auch gerne Camouflage.

Eins ist in jedem Fall sicher: Sich schön zu machen ist ein Statement. Sich nicht schön zu machen auch. Sich einer Welt der Schönheitsroutine zu verweigern, kann auch Selbstbehauptung sein. Jedenfalls, wenn man nicht gerade abends mit seinem Schäferhund biertrinkend auf einem Kopfsteinpflastern sitzt, was ich eher selten tue. Daher wird mein Protest schon richtig ankommen. Also auf in die Kampfzone und Präsentationsfläche Supermarkt.

»Anna, du siehst so anders aus? Was hast du gemacht? Warst du beim Friseur?« Kati, die erste Schul-Mutter hat mich entdeckt.

Gefolgt von Nummer zwei, Anka: »Bist du krank, Anna? Du siehst so blass aus. Soll ich dir einen Smoothie holen oder einen Kaffee oder beides?«

»Nein, alles gut. Ich bin nur ungeschminkt.«

»Stimmt. Jetzt, wo du es sagst. Du siehst so leer im Gesicht aus. Aber irgendwie auch gut. Du bist ja eine Naturschönheit. Du brauchst das ja eh alles nicht.«

Ich muss grinsen. Da will es mir wohl jemand recht machen und es schnell geradebiegen. Ein bisschen unwohl fühle ich mich dennoch, aber da muss ich durch. Auf dem Rückweg läuft mir natürlich meine Jugendliebe aus Teenietagen über den Weg. Stephan ist ins erfolgreiche Familienunternehmen eingestiegen, durchtrainiert und flirty. Und ich sehe aus wie eine Karre Mist. Toll.

»Anna! Wie geht es dir?«

»Gut, bin etwas im Stress. Und selbst?« Bloß weg hier.

»Super. Laufe Marathon am Wochenende und muss gleich noch trainieren. Du siehst irgendwie anders aus. Warst du im Urlaub?«

»Ich sehe nach Urlaub aus?«

»Ja, erholt irgendwie. Weiß auch nicht, wie ich darauf komme. Ich muss los. Tschüs, schöne Frau.«

Grinsend fange ich einen Handkuss. Meine freien Poren lachen. Bis ich wieder im Auto sitze. Und feststelle: Mein T-Shirt ist nicht gebügelt, und das sieht man. Dazu Flecken vom Frühstückssmoothie und von Kinderhänden. Wie sehe ich denn aus? T-Shirts sind sowieso schon quasi umstritten, die müssen mindestens gepflegt aussehen. Dazu das nackte Gesicht. Auweia. Und ich habe mich auch noch gut gefühlt. Bin ich irre? »Das Gras wird gebeten, über die Sache zu wachsen!«, erkläre ich meinem Rückspiegel. »Das Gras, bitte, danke.«

Parallel winkt die innere Ruhe und Gelassenheit von hinten und macht sich vom Acker. Doch dann kommt die nächste Chance, mich zu beweisen: Ich blinke vor einem Parkplatz in einem Rondell, bin dann allerdings gezwungen, einmal im Kreis zu fahren, und in dem Moment schießt eine der bösen Rentnerinnen mit ihrem Fiat Punto in meine Lücke. Da ist sie: die personifizierte Gemeinheit mit weißen Löckchen. Aber nicht mit mir. Heute nicht, Ladys. Gleich zwei steigen aus. Böse lächeln die Dritten. Wie Fangzähne. Ich hupe.

Mein Fenster fährt runter: »Sie wissen schon, dass das mein Parkplatz war? Auf den ich bestimmt zehn Minuten gewartet habe? Mit einem kleinen Kind im Auto und Zeitdruck?«

»Phh. Und?« Die böse alte Hexe dreht den Schlüssel der Fahrertür um. »Jetzt parke ich hier.«

»Wie kann man nur so böse und so respektlos sein?«

»Ich habe auch Zeitdruck, junge Frau. Was fällt Ihnen denn ein? Warten Sie halt auf den nächsten.«

»Ach ja? Wer drückt denn bei Ihnen? Die geringe Lebenserwartung? Der Sensenmann? Na ja, wer sich so mies seine Vorteile erschleicht, der muss wohl aufpassen. So alt und kein Benimm. Traurig. Schönen Tag noch.« Mit stolz geschwellter Brust fahre ich davon. Und warte noch mal zehn erhabene Minuten.

Die Löckchenmonster sprinten schon wieder weiter, aber ich sehe es aus den weißen Nasenhaaren qualmen. Ja, es gibt böse Rentner, bestimmt sind sie die Ausnahme, aber Alter schützt vor Anstand nicht. Und da darf ein junger Mensch auch mal sagen: So nicht. Heute nicht. Und schon gar nicht mit mir.

Als ich aussteige, nickt mir eine andere Mutter zu: »Das war eine Frechheit. Endlich hat mal jemand was gesagt. Und genauso, wie die es verdient haben.«

Wir zwinkern uns zu. Innerlich nehme ich mir vor, eine echt coole Omi zu werden, wenn es so weit ist, und nie jungen Frauen mit Nachwuchs den Parkplatz zu stehlen. Auch wenn der Tod noch so greifbar scheint. Lieber sterbe ich aus Fairness an der Parkplatzschranke. Findet Gott oder wer auch immer da oben den Laden managt, bestimmt auch gut. Zufrieden schiebe ich den Kinderwagen zum nächsten Termin. Mein neues Ich fühlt sich richtig gut an.

Heute: den Inkompetenzbereich umarmen

Neulich habe ich zum ersten Mal gekärchert. Es ist ja immer gesund, Dinge das erste Mal zu tun. Neuland kitzelt das Kind in dir raus, du bist neugierig, gespannt und noch gut drauf. Und so stehe ich Anfang Juli in hochdruckreinigerfreundlichem Outfit – zerrissenen Shorts und altem Shirt – auf unserem Weg vor dem Haus und bearbeite Steine und aufmüpfiges Gras. In kürzester Zeit glänzt der Weg und sieht aus wie frisch verlegt, und ich bin so dreckig, als hätte ich spontan die Hiba bei der Bundeswehr absolviert. Und zwar von Kopf bis Fuß. Gilt leider auch für den Golfrasen meines Mannes und die Rosen, die sich am Haus entlangranken. Alles schwarz.

»Anna, was machst du denn da? Wenn du den Weg reinigst, musst du hinterher die Blumen und den Rasen auf der niedrigeren Stufe wieder sauber spritzen. Sonst stirbt doch alles …«

Mein Mann, neuerdings passionierter Profigärtner, der einen gewissen Ehrgeiz entwickelt hat, den perfekten Spielrasen heranzuzüchten, ist irritiert bis tief enttäuscht. Da hat er das perfekte Grün gebastelt, vertikutiert, gekalkt, gedüngt, mäht alle zwei Tage und sprengt das Ganze auch noch täglich, und dann komme ich und ruiniere den Golfteppich. »Alles muss man selber machen. Lass mich das machen. »Nimmt's, legt los und zetert: »Jetzt stehe ich wieder hier und mache das. Dabei hatte ich heute etwas ganz anderes vor.«

Ich lache und sage: »Na ja, wer nicht abgeben kann, hat halt mehr zu tun.«

»Aha«, knurrt der Mann, den ich liebe. Tue ich sogar jetzt noch. Auch wenn er sich gerade echt bekloppt verhält.

»Und das ist leider nur dein Problem, mein Schatz. Ich geh schaukeln.«

Unsere Jüngste findet das super, ruft gleich: »Mama – hui!«, und schon schaukeln wir unter den Eichen in unserem Garten. Die Blätter der alten Bäume rauschen, 20 Meter vor uns spritzt der Kärcher mit meinem Mann hintendran. Und ich bin nicht wütend. Verrückt, oder? Noch vor ein paar Jahren wäre ich an die Decke gegangen und hätte mit Scheidung gedroht. Heute denke ich: Mein Mann hat 'ne Meise, aber eine muss er ja haben. Und ansonsten umarme ich meinen Inkompetenzbereich. Ich muss nicht alles perfekt machen. Ich habe schließlich schon einiges gewuppt: die eine oder andere Live-Schalte im Fernsehen, zwei Kaiserschnitte, ein flottes Nomadendasein, bis Jenz kam.

Außerdem betrachte ich mein Leben als Erfolg, das gilt auch für die kleinen Dinge: Die Kinder stellen woanders ihre Schuhe nicht auf den Tisch, ich finde immer alle Socken nach dem Waschen wieder (bis auf Theresas), und inzwischen lebt ein frisches Basilikum bei mir länger als zwei Tage. Ja, ich entwickle mich. Und muss nicht immer perfekt sein. Ich muss auch nicht alles wissen, oder heiße ich Internet? Da halte ich es wie meine Anwaltsfreunde: Ich muss wissen, wo es steht, wenn es mich betrifft.

Ich kann Ihnen aus dem Stehgreif sagen, dass Desoxyribonukleinsäure ein in allen Lebewesen vorkommendes Biomolekül und Erbinfoträger ist. Oder dass Julia Biedermann neben Roy Black in der Serie *Ein Schloss am Wörterhersee* in den 90ern immer: »Ist ja 'ne Wolke!« gesagt hat. Welcher Drehbuchautor auch immer das verbockt hat. Aber ich kann nicht alles wissen. Ich kann kein Irish Stew kochen. Kein Eisbein mit Sauerkraut. Was meine Steuern angeht, habe ich verstanden, dass ich Belege sammeln soll, der Rest ist gedanklich ausgelagert.

Und wenn auf *RTL* eine neue Folge vom »Bätschelor« ansteht, freue ich mich Wochen vorher, weil mir die Menschenforschung und das Fremdschämen der Durchtätowierten vom

Sofa aus so unendlich viel Spaß machen. Und weil ich mir die Cutter und Redakteure vorstelle, die im Schnitt unter dem Tisch lagen vor Lachen. Ja, das ist Stumpfsinn. Und den habe ich mir verdient.

»Also, wir gucken nur *Arte*- und *3sat*-Dokus. Alles andere ist so unterschichtig«, eröffnete mir neulich Knut-Ferdinand, der Mann meiner Freundin Leonie, beim gemeinsamen Grillen und biss in seine vegane Bratwurst.

Und dann kam Leonie vom Nasepudern zurück: »Anna! Bald geht es wieder los mit den Kunstwimpernsüchtigen! Die »Bätschlorett« läuft wieder. Ich freu mich so! Endlich haben Mittwoche wieder einen Sinn! Dann gibt's wieder Chips abends statt Low Carb, und Knuti und ich hängen in Jogginghosen vor der Glotze. Sind die Fenchel-Salsicce fertig?«

Ich sage nur: Steht zu euch. Zu euren Lastern. Euren Fehlern, Macken, Gelüsten und Defiziten. Eurem Inkompetenzbereich. Sei es der private oder der gesellschaftliche. Gönnt euch das »Keine Ahnung, scheißegal«. Probleme sind doch eigentlich nur übertriebene Ansprüche oder die anderen. Diese Menschen, die ständig im Wissenswettbewerbsmodus hängen, kann man sich eigentlich gleich sparen. Lernt die Inkompetenz lieben. Es kann doch immer einer was besser.

Ich erinnere mich noch an die Zeit, als ich mein Studium abgebrochen habe. Ich war 21, zog nach drei Monaten Germanistik-Anglistik-Philosophie wieder aus meiner Studentenbude in der Gladbacher Straße 44 in Köln aus. Dabei hatten wir uns gerade aneinander gewöhnt, bis auf die Tatsache, dass es aus der Hinterhofwohnung im zweiten Stock genauso wenig einen Fluchtweg gab wie einen Plan für mein Leben. Als ich den allerletzten Karton in den Umzugswagen hievte, fühlte ich mich wie ein Versager. Ich war die erste Abbrecherin, die ich kannte. Und immer wieder die Frage: »Warum hast du denn aufgehört?« Ich fühlte mich nicht wohl unter lauter Menschen, die zwar Nietzsche zitieren konnten und sich freiwillig wie Dosenthunfisch im Hörsaal stapelten, aber irgendwie nicht hungrig nach dem echten Leben schienen.

Ich wollte Kant & Co. lieber leben – wie auch immer das aussah. Also ging ich. Außerdem wollte ich zum Fernsehen und nicht bis 30 noch das große Latinum runterbeten. Schuldgefühle nagten an mir, mein Inneres muss ausgesehen haben wie ein Stufenschnitt von Vidal Sassoon. Ich fühlte mich doof, unintelligent und gescheitert. Dass mich sonst niemand so sah, auf die Idee kam ich gar nicht. Hätte ich doch mal diese Inkompetenzphase lieb gewonnen. Eigentlich hatte ich nur Angst. Angst vor dem Vergleich. Angst, meinen Weg nicht zu finden. Angst vor der Angst.

Also packte ich die Angst in ein Päckchen, beschriftete sie, stellte sie unten in meinen Kleiderschrank und bewarb mich an einer Journalistenschule. Vier Jahre später hatte ich meinen Vertrag bei *RTL* in der Schreibtischschublade liegen und war mit meinem Studium fast fertig. Um mich herum brachen jetzt alle ab. Nach Jahren. »Du hast es besser gemacht, ich habe mich fünf Jahre gequält, und meine Eltern sind jetzt stocksauer« war der Satz, den ich jetzt ständig hörte. Oder: »Ich studiere jetzt erst mal probehalber Germanistik. Jura war es nicht. Aber ob es das ist, weiß ich auch noch nicht.«

Wieso hatte ich mir eigentlich so einen Stress gemacht? Die anderen kochten auch nur mit Wasser – und das offenbar wesentlich langsamer. Ich war nur schneller gescheitert. Und das kam mir jetzt zugute: Bald stand ich mit Mitte 20 im Studio, moderierte ein Abendmagazin und drehte Beiträge, in denen ich vor der Kamera stand. Ich freute mich jeden Tag daran und genoss die Momente, wenn mein Lieblingskollege Björn und ich eine tolle Musik unter unser Stück legten oder den besten

Schnitt herausgeholt hatten. Bestimmt war nichts perfekt, aber wir waren im Hier und Jetzt, waren wie Toto und Harry und wollten unsere Tage kein Stück anders verbringen. Man stelle sich vor, ich hätte meinen Inkompetenzbereich ignoriert? Wo wäre ich dann wohl gelandet? Wäre ich jetzt eine Grundschullehrerin mit Prinz-Eisenherz-Frisur, die alles besser weiß? Möglich wär's.

Telefonat mit meinem intellektuellen Sascha: »Sorry, Dennis ruft an, der Ziehsohn von Steve McQueen.«

»Okay, wer auch immer das ist.«

»Du kennst Steve McQueen nicht? Anna, bitte, dir ist ja nicht mehr zu helfen.«

Ich google. Der Mann ist gestorben, bevor ich geboren wurde. Ein paar seiner Buddys kenne ich: James Dean oder Paul Newman. Hatten die vielleicht die besseren PR-Berater gehabt? Stevie? Nope, tut mir leid. Sascha tut so entsetzt, dass ich kurz davor bin, mich zu ärgern. Ich frage fünf Freundinnen, ob sie Steve kennen. Die älteren sagen: Ja. Die jüngeren: Nein, sollte ich?

Bringt es mich also um, dass mir sein Name nicht auf Anhieb etwas sagt? Ändert es mein Leben? Lieben mich meine Kinder jetzt weniger? Sitzen meine Haare schlechter? Eben. Hallo, Allgemeinbildungshorizont, wir kennen uns! Ich drücke dich, Inkompetenzbereich. Nicht, dass wir irgendwann so peacig miteinander werden, dass wir zusammen um fünf Uhr aufstehen, uns bei Sonnenaufgang den Zungenschaber in den Mund schieben und uns nach der Meditation mit Sesamöl einschmieren werden, aber unsere Beziehung geht voran, bergauf. Lass uns eine Tafel Schoki vernichten.

Heute nicht: den eigenen
Körper doof finden

»Also, meinen Körper kann ich vergessen!«, erklärt mir meine Freundin Verena mit ernster Miene, und unserem armen Kellner: »Ich nehm den Käsekuchen mit Erdbeersauce und einen großen Milchkaffee, danke!«

»Wie meinst du das jetzt?«, frage ich.

»Na ja. Guck mich doch an! Zwei Kinder, Arsch wie bei 'ner Latina, kannst auch echt gut drauf sitzen, aber ein Verkaufsargument ist das nicht mehr. Dazu Bauch, der nicht mehr verschwindet, und eine Ex-Milchbar für zwei Dauersäufer. Ich punkte jetzt nur noch mit meinem Humor, meinen Kochkünsten und meiner ewig guten Laune.«

Dabei schüttet sie den Zucker so aggressiv in den Kaffee, dass der fast aus der Tasse fliehen will.

»Essen ist das Einzige, was mir noch bleibt. Und ich wette, Georg geht sowieso schon fremd.«

»Wieso? Benimmt er sich so?«

»Nein, gar nicht. Aber das ist ja das Auffällige. Ich habe ihm das Ortungshalsband für den Hund jetzt in seine Aktentasche getan. Mal gucken …«

»Könnte das vielleicht etwas viel Kopfkino sein?«, frage ich.

»Nein. Um ihn herum arbeiten nur junge Hühner Anfang 20 in kleinen Kleidchen. Was soll er denn da anderes machen, als glotzen und sabbern?«

»Dich nach wie vor toll finden, weil du ihm diese wunderbaren Kinder geschenkt hast und nach wie vor die gleiche Frau bist, seine Frau? Und er wird ja auch nicht jünger?«

Georg ist ein liebevoller Familienvater, der gerne mal flirtet, aber nie anderen Röcken hinterhergucken würde. Dafür kenne ich ihn schon zu lange. Aber so, wie Verena hier vor mir sitzt und mir erklärt, wo ihr Marktwert liegt, bin ich etwas baff, was aus uns Frauen wird, wenn wir in den Spiegel gucken. Nämlich unsere mieseste Kritikerin. Kenne ich ja von mir selber. Die eigenen Beine könnten ja immer länger sein, oder? Die Haut ebenmäßiger. Die Stirn glatter. Augenringe braucht ja auch kein Mensch.

»Ich würde ja noch mehr Sport machen, wenn es etwas bringen würde«, erklärt Verena kauend, »aber mein Körper verändert sich dadurch kaum. Und hätte ich mehr Kohle, dann würde ich mir diesen ganzen Hauthaufen einmal hochspritzen lassen!« Sie zieht an ihren Wangen. »Aber dann muss man das regelmäßig machen, und weißt du, was das kostet? Dann müssten die Kinder die nächsten Winter in Sommersandalen über die Runden kommen.« Sagt's und tunkt den Kuchen tief in die Erdbeersauce. Langsam kriecht der Druck über den Tisch. »Du kannst da nicht mitreden, Anna, du nimmst ja nicht zu.«

Das stimmt so natürlich nicht, aber Gewicht ist tatsächlich nicht mein Thema. Allerdings gibt der weibliche Körper ja nun doch ein paar mehr Problemzonen her. Und das Verrückte ist: Heute, im Jahr 2020, fühlen wir uns schuldig. Wir Frauen. Ist das nicht absurd? Meine Mutter sagte irgendwann mal zu mir: »Deine Mutter wird älter.« Und so war das. Ich fand sie immer wunderschön, besonders wenn sie ihren knallroten Lippenstift aufgetragen und ihre Haare frisch frisiert hatte. Ansonsten kann ich mich nicht erinnern, dass sie mit ihren Freundinnen am Küchentisch saß, die meistens rauchend kollagenabbauenden Kaffee tranken, und über Stirnfalten und Arschbreite sinniert hätte, während wir mit Regina Regenbogen, den Sternwichteln und unseren Keyper-Diamond-Pferden spielten.

Und wenn sie über etwas sprachen, was sie toll fanden, war das vielleicht mal ein Seligkeitsteil wie ein besonders hochwertiger Mantel. Heute interessiert die Kleidung gar nicht mehr so, der Mantel kann ruhig billig sein, solange er sich gut fotografieren lässt, der Körper ist der Mantel geworden. Der soll bitte gut darunter aussehen! Denn heutzutage gilt: Wer nicht schön ist, ist selber schuld. Blöderweise wissen wir ja alles: Iss keinen Zucker, kein Fleisch, kein Gluten, keine Milchprodukte, trink keinen Alkohol – dann kriegst du keine Falten. Spritz Hyaluron und Botox, dann siehst du noch jünger aus, mach Sport, Pilates und Yoga für dein Gemüt. Am besten kümmerst du dich in der restlichen Zeit noch um deine spirituelle Weiterbildung, sonst kommst du ja persönlichkeitstechnisch nicht voran. Und Erleuchtung macht so einen schönen Teint.

Schönheit ist kein Schicksal, frag Heidi Klum – das ist harte Arbeit. 24/7. Früher konnte man nur das Rauchen einstellen, den Sitz hochklappen und sich anschnallen. Fertig. Vielleicht noch die Sonne meiden. Ergebnis: bestes Gesicht, das dir möglich ist. Heute kannst du den ganzen Tag an deiner Epidermis feilen. Draufschmieren. Nadeln oder Spritzen reinstechen lassen. Peelen. Entgiften. Und dann noch ein paar Filter bei Instagram drüberlegen. Oder wie die Schauspielerin mit der schönsten Hörbuchstimme Deutschlands, Edda Fischer, mal zu mir sagte: »In Brasilien sind Beautyeingriffe ja quasi Pflicht. Die würden uns Ungespritzte hier als ungepflegt empfinden.« Ja, medizinische Möglichkeiten verpflichten, meine Lieben. Ist schließlich nicht jeder Keith Richards. Und selbst George Clooney trinkt nicht nur Kaffee. Aber der ist ja auch ein Mann. Hässlich ist ja nur die alternde Frau. Toll, unsere westlich geprägte patriarchalische Kultur.

Ich mustere Verena. Für mich eine bildhübsche Frau. Wirkt immer frisch, vielleicht mal etwas knurrig, aber sie hat so eine

Art, immer alles messerscharf zu formulieren, die kommt nie altbacken rüber. Habe schon viel muttimäßigere Mitt-20erinnen in Wartezimmern oder in Kassenschlangen beobachtet und mich gefragt, welcher Mann sich da erwärmen sollte. Und die wirkten nicht so, als würden sie ihren Körper als Dauerbaustelle betrachten. Vielleicht sind wir auch alle nur etwas geschädigt durch unsere übernarzisstische Selfie-Kultur? Ich hatte auch schon Momente, in denen ich mich während eines Facetime-Anrufs auf dem Display sah und lieber das Smartphone weggeworfen hätte. Ich habe, unter uns, nämlich immer Knubbel im Gesicht. Meine Wangenknochen passen irgendwie nicht zu Apple. Sehen immer riesig aus wie eine Comiczeichnung. Schön, dass das inzwischen mehr Maßstab ist als ein Spiegel. Verena hat Ausstrahlung. Ja, was ist denn eigentlich damit?

»Was ist mit Ausstrahlung?«, frage ich.

»Ja, gut, wenn man die hat. Neulich habe ich mir ein paar neue Schuhe und eine neue Bluse gekauft. Da hat mir mein Lächeln gefallen. Aber dann müsste ich ja täglich shoppen gehen? Sex wäre auch gut, aber dafür sind wir zu müde. Ich glaube, mir würde schon mehr Make-up helfen, aber wann soll ich mich so aufwendig schminken wie früher? Neulich hatte ich mal Zeit dafür. Vorher zwei sauteure Gesichtsmasken gemacht, Barthaare und Brauen gezupft, tausend BB&CC-Cremes aufgetragen, geschminkt, fand mich gut. Wirkte ungelogen jünger und wie urlaubserholt im Badezimmerspiegel. Dann kam Georg, einmal rasiert, sah plötzlich wie 18 aus – und ich daneben wie seine Mutter. Natur ist was richtig Mieses!«

»Und meinst du, Georg hat das auch so empfunden?«

»Der hat mich geküsst und gesagt, dass ich wunderschön aussehe.«

»Warum glaubst du ihm das denn nicht mal?«, frage ich.
Verena zuckt mit den Schultern: »Hmm. An die Möglichkeit habe ich noch gar nicht gedacht.«
Ja, so sind wir Frauen. Aber gut, dass wir mal drüber gesprochen haben.

PS: Übrigens, Experten glauben, wenn sich die Körperkratie, also die Herrschaft der geschönten und durchgestylten Körper, durchgesetzt hat, wird sie wieder zerfallen. Und dann kommen die Designfalten. Also nicht die natürlichen, weil das Kind wieder mal nicht geschlafen hat, sondern künstlich herbeigespritzte. Ich bin gespannt.

PPS: Und, Mädels, bevor ihr weiter auf die Männer schimpft: Die leiden auch. Nur anders. Und nicht jeder will wie der Wendler von 18-Jährigen ins Altersheim geschoben werden. Zeit, auch mal wieder am Selbstbild zu arbeiten. Self-Bodyshaming? Heute nicht!

Heute nicht: business as usual in der Liebe

»Was ist eigentlich aus der Romantik geworden?«, frage ich Jenz eines Abends, als die Kinder schlafen, der Geschirrspüler surrt und wir eine Apfelessiglimonade trinken.
»Woraus?«, kommt die Antwort mit dem Blick aufs Handy.
»Romantik! Was ist das eigentlich für dich?«
»Wie meinst du das?«
»Na ja, angenommen, es würden ein paar Aliens landen und

dich fragen: Was ist denn für euch Menschen Romantik? Was würdest du antworten?«
»Es gibt keine Aliens, Anna!«

So viel dazu. In den 20ern war mein Kopf ja voll davon. Das ist auch logisch, weil es die moralisch aufgeladenste Zeit in unserem Leben ist. Sex wird einem da ja quasi überall hinterhergeworfen, aber man will ihn ja gar nicht, weil man träumt, von dem Einzigen, dem Richtigen, von Hochzeit in Weiß, Kindern in Polohemden auf Picknickdecken und der Kiesauffahrt ohne Löcher. Man macht die Nächte zum Tag, springt bei Gewitter in Badeseen und tanzt im Regen auf Asphalt. Träumt von Ryan Reynolds, Jude Law – oder Elyas M'Barek, wenn es etwas greifbarer sein soll – und von diesem einzig wahren Moment, in dem sich alles findet.

Dann kommen die ganzen Hochzeiten in den 30ern: Plötzlich stecken ständig neue Einladungen im Briefkasten, und man fragt sich nur noch, ob man sich schon wieder ein neues Sieh-mich-an-aber-schau-weg-und-guck-auf-die-Braut-Kleid kaufen muss oder ob das von der letzten Feier noch geht. Romantik weicht der Hochzeitsplanung. Und dann, nach ein paar irren Partys, die meistens Mama und Papa gesponsert haben, sind alle erst mal verheiratet – bevor es mit dem Scheidungsmarathon losgeht. Wobei ich das ja abgekürzt habe. Einmal kurze Ehe, einmal lange. Kann man mal machen, ist aber mit Kindern nicht zu empfehlen. Und wenn mich heute wer fragt, warum meine beiden Mädels sieben Jahre auseinander sind, erkläre ich immer: »Ich musste die Väter noch einmal kurz tauschen.« Inzwischen sind wir mit dem verflixten siebten Jahr durch.

»Wollen wir nicht mal ein Experiment starten? Wieder romantisch sein?«, frage ich meinen Mann, während er mit der Zunge zwischen den Lippen Unterlagen abheftet und Versicherungen wälzt und dabei noch gut gelaunt aussieht.

»Klar, schöne Idee, ich muss das nur noch fertig machen. Und du musst hier was unterschreiben. Und nachher bin ich beim Steuerberater und dann auf diesem Empfang eingeladen, kann spät werden. Und die Hemden überm Geländer, kannst du die morgen ausnahmsweise mit in die Reinigung nehmen? An was dachtest du denn?«

»Dass du deine Socken, die du immer überall fallen lässt, mal wegräumst?«, lache ich. Und denke: Vergiss es. Wobei ich hier noch mal kurz anmerken möchte, dass ich ihn als Lebenspartner echt empfehlen kann. Nur nicht so sehr, wenn er aufräumt, sortiert oder abheftet, dann besser links liegen lassen.

»Also, für Romantik haben wir auch gar keine Zeit. Ich würde mir auch komisch vorkommen, wenn ich ständig Liebesschwüre ins Ohr gesäuselt bekäme.« Johanna, auch schon über das verflixte siebte Jahr hinaus, ist da ganz nüchtern. »P. wollte mir neulich allerdings die Haut von seinem Hähnchen geben, obwohl er die selbst so liebt – das hat mein Herz fast zerrissen, so lieb und fürsorglich und liebend und selbstlos fand ich das. Ich glaube, auf der Ebene findet sich unsere Romantik.«

Meine Freundin Ellen findet: »Romantik ist das Milchschaumherz im Kaffee!« Was ich wiederum eine sehr alltagstaugliche Übersetzung fand. Erwachsen. Hätte man mir das mit 17 gesagt, als ich verzückt *Die Leiden des jungen Werthers* las und mir ganz sicher war, dass Romantik ausschließlich ein Konglomerat aus Sehnsucht, Schmerz und unerfüllter Liebe sein müsse – ich wäre zutiefst beleidigt gewesen. Schließlich ging in meiner Seele gerade ein neuer Morgen auf. Ich war verliebt, das Licht wurde ganztags spätsommerlich, das Essen schmeckte anders, und ich fühlte mich so lebendig wie unzurechnungsfähig. Alltagstauglich? Das Wort war doch nur etwas für desillusionierte

Erwachsene kurz vorm Sterbebett! Oder wie meine Freundin Julia es damals, 1997, ausdrückte: »Wir können ruhig rauchen, denn älter als 39 möchte ich gar nicht werden. Alles, was danach kommt, geht gar nicht. Da ist dein Leben doch vorbei.«

»Anna, heute ist Romantik doch quasi Gefühlsduselei. Sonnenuntergänge, Blumen und Kerzenschein. *Der Bachelor* bringt es eigentlich auf den Punkt, was die Leute denken, was Romantik heute ist. Sonnenaufgang, Sonnenuntergang. Kurz vor Unterschicht«, schließt Johanna analytisch.

Ich antworte: »Ja, das ist dann nicht mehr das gute alte *RTL*, sondern *RTL 2*. Für mich war es mal ein Kuss mit Jenz im Regen. Heute würden wir den Kuss verschieben und schnell einen ›Beppo‹ (Theresas Wort für Regenschirm) holen, damit die Kinder nicht nass und krank werden, weil das ja Schlafentzug bedeutet.«

Aber so schnell gebe ich nicht auf: Romantik muss es doch auch für Fortgeschrittene geben. Irgendwie hat sie ja auch immer etwas mit einem Fragezeichen zu tun. Mit Verunsicherung, Widerständen, ist das Gegenteil von Ehe, Sicherheit und Vertrauen. Oder wer schreibt: »Ewig mein. Ewig dein. Ewig uns«, wenn er in Jogginghose Popcorn crunchend mit der Liebsten einen Serienmarathon hinlegt? Und so lese ich im Netz: »Eine romantische Liebe war eine Beziehung, die die Zwänge der Tradition, der Vernunft und der wirtschaftlichen Notwendigkeit überwindet und auf unbändiger Liebe beruht. Gerne wurde zum Heraufbeschwören der intensiven Gefühle Atmosphärisches genommen wie ein verwunschenes Schloss, blühende Landschaften, eine Nacht im Mondschein.«

Dazu gerne noch »einige Feen und Elfen«. Die gibt's ja nicht an jeder Ecke, aber ich könnte natürlich einfach mal etwas Aufregung ins Spiel bringen, weniger bequem und vorhersehbar sein. Raus aus der Bude und ab ins wilde Leben!

Ich kaufe mir eine dramatische Seidenschluppenbluse und eine schicke schwarze Steghose. Dazu erklär ich: »Wir haben Freitagabend ein Date. Nur du und ich – ohne die Kinder.«

»Du siehst so toll aus, Mama. Viel Spaß!«, sagt Karlotta, kurz bevor ich aufbreche, um Jenz in einer Bar zu treffen, und umarmt mich ganz fest. Ich bin gerührt von so viel Liebe.

Auf dem Weg zum Restaurant drehe ich die Musik so laut wie früher. Musik, die meine Kinder nicht mögen. Die Nacht ist lau, und ich öffne das Dach und lasse etwas frischen Wind hereinwehen. Fühle mich unberechenbar und etwas wild, während ich kurz überlege, ob noch genug Butter fürs Pausenbrot morgen im Kühlschrank ist.

Sogar der Tankstellenwart hat wohl gespürt, dass es ein besonderer Abend ist. Zumindest fragte er vorm Tanken mit offenem Mund: »Diesel, oder?«

Ich: »Ja, genau.« Griff ins Auto nach dem Portemonnaie.

Er: »Okay. Dachte ich mir.« Griff an die Zapfsäule.

Ich: »Das ist aber Benzin.«

Er: »Ach ... ja.«

Dass auf meinem Rücken eine Haftnotiz von Karlotta klebt, auf der »Alaaaaf! Schmeiß mir Kamelle nach!« steht, wusste ich da noch nicht. Fräulein Romantik parkt 15 Minuten später gerade in zwei lässigen Zügen ein, als das Handy klingelt.

»Dein Hugo wird warm, mein Schatz!«, lacht mein Mann.

Was soll ich sagen? Ein Abend wie im Vakuum beginnt, Jenz guckt mich wieder so an wie an unserem ersten Biergartenabend über dem Obazda, und es brüllt nicht ständig jemand: »Hunger / Durst / JIIJÄÄ!!!« Einziger Haken: Wir fühlen uns um halb zehn wie morgens um drei.

»Ich sag's ungern, aber ich fürchte, ich kann nicht mehr«, höre ich mich sagen. Und so fahren wir glücklich, aber erschöpft von so viel Elternzeit nach Hause.

In den nächsten Tagen räumt mein Mann ungefragt seine Socken weg, faltet den Papiermüll zu Origami und macht Karlotta morgens schulfertig, damit ich ausschlafen kann. Einfach so. Romantischer kann es mit 37 und zwei kleinen Kindern wohl kaum noch werden. Oder wie es beim *Bachelor* immer so schön heißt: »Ich bin total in love.«

Die Anderen und ich

Heute nicht: dem WhatsApp-Druck nachgeben

Ich schiebe den Kinderwagen, und der Akku meines Handys ist plötzlich leer. Ich fluche innerlich, hänge das leere Teil an seinem Necklace an den Kinderwagengriff und schiebe weiter. Und jetzt? Spazieren wie in den 80ern. Ohne Entertainment. Ich spüre den Asphalt unter meinen Füßen, höre, wie meine Turnschuhsohlen auf kleinen Steinen knirschen. Es duftet nach Kaminfeuer. Ein älterer Herr tritt in seinen Vorgarten, grüßt fröhlich und fängt an, in der dämmernden Nachmittagssonne dieses Novembertages seine Hecke zu schneiden. Es ist kalt. Sechs Grad. Am Morgen lag der erste Tau auf den Gräsern, aber die Luft ist ein Gedicht. Klar und frisch wie gerade aufgebrühter Pfefferminztee.

Mir kommen Gedanken. An meine verstorbene Mutter, die mir fehlt, und wie dankbar ich bin, sie gehabt zu haben. Mütterlich auf eine Art, die ich nie wieder auch nur im Ansatz an jemand anderem beobachtet habe. Immer offen gegenüber anderen, immer bereit zu spielen, immer begeisterungsfähig, immer mitfühlend und warmherzig. Die einen Menschen aus mir gemacht hat, den ich vielleicht nicht heiraten würde (zu anstrengend), aber mit dem ich zumindest in eine WG ziehen würde. Um es mal in den Worten meiner Freundin Kim auszudrücken, die jetzt den Himmel mit seinem Farbenspiel gelobt und gesagt hätte: »Und jetzt atme mal tief die gute Luft ein.« Ich atme ein. Ich atme aus.

Kein Telefonat. Kein Instagram. Keine WhatsApp-Dialoge. Ich bin einfach nur. Und ich merke, meine Lala-Laune wird immer besser. Ist ja auch kein Wunder, denn durch die sozialen Medien bekommt eigentlich jeder das Gefühl, sein Leben wäre Grütze. Die Momente, wenn man beim Friseur sitzt und derjenige mit der Schere sagt: »Das sieht echt richtig frech aus! Pfiffig!«, und du weißt, jetzt kann ich mir die Haare auch gleich anzünden oder mich ein halbes Jahr krankmelden – diese Momente postet ja niemand. Das Gras nebenan wirkt immer grüner, egal, welcher Filter drüberliegt. Psychologen raten deshalb ja ohnehin von dem Ganzen ab.

Ich beschließe, eine Social-Media-Diät zu machen. Wie würde sich das wohl anfühlen? Eigentlich müsste ich viel mehr Zeit haben, ruhiger werden, weniger getrieben. Ich würde einige Gedanken weniger denken: Oh, meine Ex-Kollegin Annett trägt einen Fake-fur-Mantel? Brauche ich den auch? Oh, Sandra hat eine Patrizia-Pepe-Bluse mit Schulterpolstern an? Wollte ich so was nicht schon immer? Ach, Uwe ist mal wieder in der Bleiche? In den Pools könnte ich ja auch mal wieder schwimmen. Fällt alles weg.

Und so schweifen meine Gedanken ab zu meinen Kindern. Wie stolz ich auf sie bin, weil sie zauberhafte kleine Menschen mit großen Herzen sind. Weil sie aufeinander achtgeben. Und die Kleine immer, wenn ich ihr eine Möhre schäle, eine zweite verlangt für die Große, die sie liebevoll »Eier« nennt. Warum Karlotta »Eier« heißt, was ja keine Gemeinsamkeiten, nicht mal die gleichen Buchstaben beinhaltet, wissen wir nicht, aber inzwischen nennen wir sie alle so. Das ist Liebe. Ganz einfach.

Mit all diesen Gedanken schiebe ich in unseren Innenhof. Der Himmel färbt sich derweil hellblau-pink und schimmert durchs Herbstlaub. Die Kälte erinnert mich ans Weihnachts-reiten, als ich zehn Jahre alt war und mein Shetlandpony Caty ritt, das ich quasi von Freunden geerbt hatte. Caty war bald wie mein Hund, rannte immer hinter mir her, 122 cm Stock-maß, schwarz mit einer weißen kleinen Blässe zwischen den Augen. Sie war bockig hoch zehn, aber sobald wir uns nach diversen Stürzen darauf geeinigt hatten, dass ich der Chef war, waren wir unzertrennlich.

Das Weihnachtsreiten war immer eine Aufführung vor den El-tern, eine Dressurnummer begleitet von Musik in der Reithal-le, gefolgt von Punsch und Keksen auf Heuballen in der Stall-gasse. Doch danach mussten unsere Pferde natürlich erst mal trocken geritten werden. Bedeutet: im Schritt auf und ab rei-ten vor der Halle. Ich tat das neben Guido, der ebenfalls ein schwarzes kleines störrisches Shetlandpony unter sich hatte. Roswitha war Catys Boxenpartner.

»Guck mal, die Sterne!«, sagte ich zu Guido, elf, blond, die Gerte im Reitstiefel, wo er als Oldtimer-Fan ständig imaginäre Gänge einlegte.

»Ja, komm, wir erobern die Galaxie, ich muss hier nur noch ein paar mehr PS ranschrauben, aber dann geht's los!«

Und ich war verliebt, wie nur Zehnjährige verliebt sein kön-nen. Inzwischen liegen ein paar Jahre dazwischen, so ungefähr 27, doch diese kalte, klare norddeutsche Luft verbinde ich im-mer noch mit dem Sternenhimmel, dem Duft von Punsch und weißem Pferdeatem aus dampfenden Nüstern. So wun-derbar kann ein leerer Akku sein.

Heute nicht: in die Höflichkeitsfalle tappen

Kennen Sie die Höflichkeitsfalle? Nein? Glückwunsch. Dann sind Sie definitiv nicht zu nett und könnten theoretisch weiterblättern. Oder Sie erfahren jetzt mal etwas ganz Neues. Denn es gibt diese Menschen, mich zum Beispiel, die sich oft ärgern, weil sie von ihren Eltern viel zu gut erzogen worden sind und so leichte Opfer von allen anderen werden, die kniggetechnisch aus irgendeiner Gosse gekrochen sind. »Genetisches Resteessen« hat Johanna das früher genannt. Heute überlegt sie dann doch, ob das vielleicht zu unhöflich ist.

Sie lauert übrigens überall, besagte Höflichkeitsfalle. An der Kasse beim Einkaufen: »Ich darf doch mal schnell vor mit meinen 50 Artikeln?« Im Job: »Kannst du das nicht noch machen, Anna, du schüttelst das doch aus dem Ärmel? Und XY kann es nicht so wie du!« Im Kindergarten: »Ja, ist ja nicht so schlimm, dass Marlon Theresa fast den Arm gebrochen und mit seinen langen Fingernägeln das Gesicht zerkratzt hat – sie hat bestimmt auch dazu beigetragen, weil sie die Schaufel weggenommen hat.« Oder zu Besuch bei Bekannten. Mein Lieblingsbeispiel: Karlotta, Theresa und ich sind zum Playdate bei Birgit eingeladen. Es gibt Kaffee und Waffeln, und die Kinder sind sofort sockfuß in den Kinderzimmern verschwunden, während ich noch frage: »Ich zieh die Schuhe besser aus?«

Blick der anderen Frauen, die bereits an den Kaffeetassen hängen, zu mir rüber.

Und so reflexhaft ich diese Frage gestellt habe, so fix kommt Birgits Antwort: »Nein, alles gut, bitte, echt nicht nötig, ich habe eh noch nicht gesaugt, wir haben heute nicht mal aufgeräumt, ist ungefähr so sauber wie auf'm Warenumschlagplatz, bitte anlassen!«

Natürlich ist dem offensichtlich nicht so, denn alles blitzt und blinkt, und ich sehe sie vor mir, wie sie vor dem ersten Klingeln noch mit dem Sauger durch Flur und Küche gerannt und anschließend mit Schwamm und Tuch durch die Bäder geturnt ist, um noch schnell alle Flächen abzuwischen. Deshalb schlüpfe ich doch schnell aus meinen Boots. Um dann festzustellen, dass es schwierig ist, sich in Tiersocken neben fremden Frauen erwachsen zu fühlen, während der Rest mit seinen Absätzen am Küchentresen schaukelt. Und so sitze ich schön in der Höflichkeitsfalle und denke, dass ich mir dringend schicke, damenhafte Socken zulegen muss und keine mit Katzengesichtern auf den Zehen. Außerdem nehme ich mir vor, mehr Tacheles zu reden, wenn ich mal die Gastgeberin bin.

Auch da sitze ich nämlich mitunter abends neben meinem Mann und maule: »Warum sage ich nicht, was ich denke?«

Er: »Keine Ahnung. Mach's doch!«

Ich: »Nein. Irgendwie kann ich das nicht. Bin zu nett.«

Dabei könnte man ja schon mal etwas sagen, wenn der Spielbesuch spontan mit Hund Herbert kommt: »Du, der ist ganz lieb. Der muss nur mal kurz bisschen schnüffeln.«

»Muss er das denn im ganzen Haus und besonders auf den hellen Teppichen? Und was isst der, dass es im ganzen Haus nach verfaulten Eiern riecht, wenn er pupst?«

»Der hat ganz saubere Pfoten, echt. Gibt's Kaffee?«

Herberts Pfoten mögen sauber gewesen sein, meinen Teppichen war es definitiv zu viel. Und nachdem ich hinterher am Boden knie und versuche, die Pfotenabdrücke aus den Fasern rauszuwischen, stelle ich fest, dass die Kinder auch ganz nach Herbert-Manier die sauberen Pfoten am Sofa, an den Wänden und am Erbstück meiner Mutter abgewischt haben. »Na ja, es sind halt Kinder«, kommentiert der Besuch mit einem Lächeln. »Also, bis demnächst, tschüs!«

Komischerweise machen das meine Kinder nicht, müssen absolute Ausnahmekinder sein.

»Das wäre mir nicht passiert«, erklärt mein Mann nüchtern. Den lieben übrigens trotz seiner Ansagen alle. Was mache ich nur falsch?

»Grenzen setzen. Bei den Kindern machst du es ja auch, und da extrem gut. Mach das doch auch bei Erwachsenen«, befindet der.

Stimmt, denke ich. Aber wieso fällt es mir da so schwer? Bin ich zu nett, zu harmoniebedürftig oder zu schwach? Jenz ist sehr konsequent mit seinem »Bis hierhin und keinen Schritt weiter«. Gerade erklärt er unseren kleinkarierten Nachbarn mit Türstehermentalität seitenlang, dass die Grenzhecke zwischen unseren Grundstücken nicht um weitere zehn Zentimeter gekürzt und unser historischer Eichenknick nicht beschnitten wird, weil sie sich an ein paar herübergewehten Blättern stören. Das alles mit höflicher Härte.

Die Butter vom Brot nimmt uns mit Sicherheit keiner, denn mein Mann hat das größte Messer. So liebevoll und empathisch er mit seinen Kindern und Freunden ist – pinkelt jemand an seine Grenze, sorgt er dafür, dass sich der Wind dreht. Er korrigiert jeden, der unseren Nachnamen ohne »c« schreibt, also »Funk«, gleich beim ersten Mal, gerne auch per Mail, während ich immer noch abwarte. Ich, die ich bei jedem Adressaten noch einmal überprüfe, ob ich seinen Namen auch ja richtig geschrieben habe. Ist schließlich eine Frage des Respekts, und ich möchte nicht, dass jemand denkt, ich nehme ihn nicht wichtig genug. Vielleicht merkt der »Funk«-Schreiber es ja beim zweiten Mal. Selbst dann sage ich noch nichts, um dann irgendwann mal anzumerken: »Aber bitte schreiben Sie, wenn es Ihnen nichts ausmacht, ›Funck‹ mit ›ck‹, sonst kommt Ihre Mail ja nicht an.«

Sagt Jenz: »Viel zu spät. Dann haben sie es schon fünfmal falsch geschrieben. Und dann drucken Sie dich falsch in jedem Artikel, den sie über dich schreiben. Am Ende findet dich niemand mehr in Netz.«

»Dafür bin ich nicht gleich die Fernsehzicke. Geht ganz schnell bei Frauen.«

Andererseits: Was wäre so schlimm daran? Oder will man von Hinz und Kunz geliebt werden, typisches Frauenproblem? Zwischen patzig-tussig und souverän-bestimmt gibt es ja auch noch eine kleine Kluft, oder?, denke ich und öffne die Mail des Chefredakteurs eines großen deutschen Klatschblatts, die mit »Liebe Frau Fuck!« beginnt.

Mein Mann liegt heulend vor Lachen auf dem Sofa, und ich murmele nur: »Na ja, immerhin hat er nicht das ›c‹ vergessen.« Dann lachen wir Tränen. Und ich frage meinen Lieblingsmann irgendwann: »Ob ich ihm schreiben soll, dass es ›FUNCK‹ heißt und nicht ›FUCK‹?«

Heute nicht: der brave Patient sein

Der OP-Tisch fühlt sich eng und klein unter mir an. Ich friere und frage mich immer noch, warum ich unbedingt nackt sein muss bei einer Mandeloperation. Mein Flügelhemd hat mir ein Mann ausgezogen, zwar diskret, aber war jetzt auch kein tolles Erlebnis. Überall stehen Monitore um mich herum, aber kein Mensch ist da. Man hat mich 20 Minuten zu früh in den Operationssaal gefahren. Zeit, um in Ruhe in Panik zu verfallen.

»Werden die Schmerzen sehr schlimm sein danach?«, frage ich

eine Frau in Grün, die von A nach B wuselt und Utensilien nachfüllt.

»Was machen wir denn mit Ihnen?«

»Meine Mandeln sollen raus.«

»Ja, das soll richtig unangenehm sein. Es verbluten auch immer noch Menschen daran in Deutschland. Kaum zu glauben, was?«

»Wie bitte?«, sage ich und setze mich auf, dass mir fast mein hässliches Haarnetz vom Kopf rutscht.

»Nicht runterfallen!«, sagt die Frau nur und geht.

Was sehr witzig ist, denn ich bin ja schon festgeschnallt und fixiert. Eigentlich hatte ich mich auf meinen kleinen »Krankenhausurlaub« fast gefreut. Oder wie alle meine Freundinnen mit Kind es ungefähr so ausdrückten: »Wow. Zeit nur für dich. Du kannst lesen, essen und ins Bett gehen, wann du willst! Kein Kochen, kein Aufräumen, kein Zeitdruck. Genieß es! Die paar Schmerzen schluckst du mit den Schmerzmitteln runter.«

Und so liege ich da und frage mich, ob es doch eher etwas weniger Quality Me Time werden wird und ob es noch unmenschlicher geht. Als Journalistin gehe ich immer auf mein Gegenüber ein und versuche, ein angenehmes Miteinander herzustellen, den Protagonisten aufzutauen, denn nur so bekommt man ein authentisches und lebendiges Interview. Ausgerechnet hier im Mikrokosmos der Vollnarkosen und des OP-Bestecks scheint das keinen zu interessieren. Egal, du hast keine Wahl, bete ich mir vor. Die Mandeln müssen raus, sonst geht es aufs Herz. Und nach mehreren Monaten Dauererkältung und geschwollenem Lymphknoten hat man es auch irgendwann satt.

Mein Operateur Professor Stieve kommt und lächelt mich als erster Mensch hier an. Ja, ich bin Privatpatientin, weil ich vor zehn Jahren in einen Toptarif einsteigen konnte. Inzwischen zahle ich monatlich eine horrende Summe, aber das Einzelzimmer in der Privatklinik und die Chefarztbehandlung sind schon schick. Beim Einchecken dachte ich kurz, ich wäre in einem kleinen Businesshotel, so nett ist mein Zimmer in der Privatklinik in Schwerin auf der Station K3, genau wie das Personal. Dass nachher alles ganz anders kommen soll, weiß ich da ja noch nicht.

Der Anästhesist ist ein Spaßvogel: »Leider können Sie keinen Chefarzt haben, der ist nicht da, haben wir hier nicht, die Stelle muss erst noch besetzt werden.« Spitze. Lohnt sich hier ja richtig, meine Zusatzversicherung. Erinnert mich an mein letztes Vollnarkose-Event bei einer Naseninnenscheidewand-OP, auch so ein Lustiger, der meinte: »Ich könnte auch hinterm Hauptbahnhof dealen, aber da würde ich weniger verdienen. Da machen wir das doch lieber legal.«

»Berge oder Meer? Welchen Traum wollen Sie?«, werde ich noch gefragt.

»Meine Mutter«, sage ich, »egal, wo.«

»Was wollen Sie denn mit der?«, fragt der Profi-Sandmann. Offenbar hält er Menschen für unsterblich.

»Reden«, antworte ich. Um dann festzustellen: »Ich glaube, es geht los.« Alles dreht sich, und dann bin ich weg.

Vermutlich eine Stunde später blinzele ich im Aufwachraum durch meine Wimpern, schlafe aber immer wieder ein.

Der Anästhesist hat beschlossen, mich als Wesen zu klassifizieren. Er sagt regelmäßig, wenn er wieder vorbeischaut und mir die Augen erneut zufallen: »Es schläft schon wieder.«

Aber irgendwann bin ich wach und finde mich in einem Dreibettzimmer mit zwei älteren Damen wieder. »Zu Ihrer Sicherheit eine Nacht bei den Kassenpatienten. Da können wir Sie besser überwachen!«, stellt die Schwester klar.

»Und meine ganzen Sachen? Ich habe ja nichts hier, keine Schuhe, keine Zahnbürste, kein Telefon.«

»Das holen wir Ihnen.« Tatsächlich schwärmt nach Stunden wer aus und bringt ein paar Dinge. Aber die Hälfte fehlt, und das Ladekabel ist nicht dabei. Und so sitze ich vor einem leeren Laptop und kann nicht mal mit meinen neuen Freundinnen fernsehen. Habe ja keine Karte dafür – weil kein Kassenpatient. Die Wand ist beige und weiß und schmutzig, genau wie die Fenster. Es ist laut, alle haben Besuch, und ich wünschte, ich wäre nicht hier, und mache die Augen wieder zu. Irgendwann wache ich auf und schmecke Blut. In Panik drücke ich den Knopf, um die Schwestern zu alarmieren. Niemand kommt. Ich überlege, nur mit meinem rückenfreien Flügelhemd bekleidet über den Flur zu laufen. Was, wenn ich verblute?

20 Minuten später steht eine kurzhaarige mürrische Schwester in der Tür: »Wer hat hier geklingelt?«

»Ich!«, sage ich. »Woran erkennt man, dass es eine Nachblutung ist?«

»Das werden Sie ja wohl schon merken!«, giftet sie zurück.

»Aber woran? Ich schmecke Blut! Kann da nicht mal ein Arzt draufschauen?«

Sie guckt mich an, als hätte ich um eine Lomi-Lomi-Massage gebeten. Langsam steigt die Wut in mir auf. »Sie wollten mich doch hier überwachen?«

Sie guckt mich an wie den Lord Voldemort unter den Patienten, tritt an mein Bett und sagt: »Dann stehen Sie auf. Ich bringe Sie hin. Sie dürfen nicht alleine gehen.«

Und so sitze ich vollkommen würdelos in Thrombosestrümpfen und arschfreiem Hemdchen, das ich mir mühsam zuhalte, auf dem Flur neben einigen Besuchern. Ist so schön wie am FKK-Strand mit lauter Textilträgern. Dass man sich solche Situationen auch noch mit Ende 30 antun muss.

»Muss ich hier eigentlich so sitzen?«, frage ich eine Schwester.

»Hätten Sie mal Ihren Bademantel angezogen.«

»Der hängt ja leider in einem anderen Trakt dieses Krankenhauses«, stelle ich fest.

Plötzlich kommt Bewegung in die Sache, und ich bekomme tatsächlich einen neuen.

Meine neue Würde löst sich aber auch schnell wieder in Luft auf: Der diensthabende Arzt ist richtig gut drauf und schreit mich in gebrochenem Deutsch an. Vermutlich spricht er sonst auch eher eine Sprache, die in meinen Ohren aggressiv klingt, es muss dialektbedingt sein, aber ich breche in Tränen aus. Er steckt mir ein langes schmales Teil in den Hals, das wie ein Schraubenschlüssel aussieht, und mich sofort zurückzucken und meine Hände vor den Mund halten lässt. »Halt, kurze Pause, bitte!«

Leider gehen unsere Auffassungen auseinander, wie weit er in meinen Tanzbereich darf, denn er macht einfach einen Schritt weiter auf mich zu und steckt das Teil noch tiefer in meinen geschwollenen Rachen und brüllt, das sei notwendig. Klar ist es das. Aber so? Wo ist der Respekt, die Fürsorge, die ich von meinem Vater, selber Arzt, kenne? Ich flüchte regelrecht und frage mich, in welcher Gesellschaft wir eigentlich leben. Zum einen in einem System, das solche Patientenunterschiede macht und zum anderen Menschen beschäftigt, die vollkommen empathielos unterwegs sind.

In der Nacht drücke ich mehrfach auf die Klingel – niemand kommt. Wie war das mit der besseren Überwachung? Niemand interessiert sich hier für meine Mandeln, ich ja prinzipiell auch nicht, aber ist auch nicht mein Job. Und wenn die bluten, schon gar nicht. Irgendwann kommt eine Schwester, noch missmutiger als die vorige.

»Könnte ich doch ein Schmerzmittel haben?«, frage ich.

Ein genervtes Ja. Sie kommt nicht wieder. Ich klingele erneut. Das Spiel spielen wir ungefähr eine Stunde. Ich klingele dreimal. Dann kommt ein kleiner Becher mit Flüssigkeit.

»Was ist denn das genau?«, will ich wissen.

»Tilidin oder Tüdellütüt!«, murmelt die zickige Schwester.

»Muss ich das alles auf einen Zug trinken?«

»Ja, müssen Se'.« Wäre diese Szene ein Western-Comic, hätte sie jetzt noch abschätzig Tabak in die Ecke gespuckt. Ich warte nur drauf.

Die Nacht bricht über uns herein, im wahrsten Sinne des Wortes. Meine Bettnachbarin ist auch geschockt von den Zuständen und dem Tonfall und reicht mir Taschentücher: »Es ist schlimm hier – Krankenhaus generell.«

»Ach ja?«, schluchze ich. Und denke an meine schicke Privatklinik zwischen Geburtsklinik und Palliativklinik. Über den Luxuspatienten wird gestorben, darunter geboren. In der Mitte gibt es Zeitschriften, nette Worte und Einzelzimmer, in denen man ohne Kopfhörer fernsieht und an deren Wänden weinrote Paneele mit Bildern verschraubt sind. Aber ich kann ja nichts sagen. Habe Sprechverbot. Und ich Trottel bin extra hierher, weil mein Prof ja nur hier operiert. Nehme mir fest vor, ihm zu empfehlen, die Klinik zu wechseln. Wobei die OP ziemlich gut gelaufen zu sein scheint, immerhin esse ich zwei Scheiben labberiges Butterbrot, was ich als großes Erfolgserlebnis werte. Danach überkommt mich leider wieder die Wut darüber, dass ich ja weder ein Handtuch noch mein Ladekabel habe.

Und da keine Schwester bereit ist, noch einmal in mein Zimmer zu gehen oder mich zu begleiten, gehe ich selber. Langsam quäle ich mich über die langen Gänge und komme mir sehr verboten vor. Eigentlich darf ich das ja nicht, weil ich nicht aufstehen soll. Aber weiterhin diese Wände anstarren, erscheint mit schlimmer, als auf den hässlichen Fluren für mein

Akkuladekabel zu kollabieren. Und sich komplett dem Willen von diesen bösen Klingelschwestern ausliefern, die nie kommen? Heute nicht! Außerdem fühle ich mich ganz okay. Ich mag geschwächt sein, der Patient, das schwächste Glied in dieser Kette hier, noch, aber das ändert sich mit jeder Stunde.

Vor einer großen Glasscheibe bleibe ich stehen und gucke auf eine Stadtsilhouette. Warum nur sind Krankenhäuser oft Orte der Verzweiflung? Warum scheint es hier besonders schlimm zu sein? Menschen nach OPs brauchen etwas ganz anderes. Herzenswärme. Sicherheit. Geborgenheit. Nichts davon scheint hier vorhanden zu sein. Eine einzige Schwester ist nett. Der Rest könnte auch in einem Schlachthaus arbeiten.

Im Bereich für Privatpatienten angekommen, guckt mich eine Mitarbeiterin an und fragt: »Sind Sie allein hierhergekommen? Haben die Sie denn gelassen?«

»Nein«, sage ich. »Bin auf eigene Gefahr losgegangen und sehr froh darüber. Kann ich kurz in mein Zimmer?«

Sie gibt mir meinen Schlüssel, grinst und stellt fest: »Ich habe Sie hier nie gesehen.«

Ich lächele, so gut das geht, und mache innerlich gleich noch drei Kreuze, hierhergekommen zu sein. Es geht eben auch anders. So tankt man auf.

In der Nacht bekommt meine ältere Zimmergenossin Panik. Sie hat einen Tinnitus im Ohr, der immer lauter wird, es sticht im Trommelfell, und ihr ist schwindelig.

Die Spucktabak-Schwester kommt vorbei und sagt: »Da können wir nichts machen. Lenken Sie sich ab. Hören Sie Musik.«

»Kann ich nicht einen Arzt sehen?«, fragt die kleine alte Dame.

»Nein. Wollen Sie ein Schmerzmittel?«, fragt die Kratzbürste.

»Ja, besser als nichts«, sagt die Frau neben mir ganz klein im Bett.

Doch das wird sie nicht bekommen. Die Schwester kommt einfach nicht mehr wieder.

Ich war selten stellvertretend so wütend. Im Halbstundentakt klingele ich am nächsten Morgen und frage, wann ich endlich wieder auf mein Zimmer im Privattrakt könne. Niemand weiß es. »Nach der Visite«, heißt es. Nach der Visite: »Noch nicht, erst noch ins Untersuchungszimmer!« Dann: »Papiere müssen noch fertig gemacht werden.«

»Ich bestehe auf mein Zimmer – jetzt!«, sage ich und bin von mir selber überrascht. Hätte ich früher nie gemacht, sondern versucht, die nette, geduldige Patientin zu sein. Doch genau die bekommt hier ja gar nichts: Ein Lächeln, eine Geduldsmedaille oder Bonusmeilen verteilt hier niemand. Und mit Ende 30 muss man sich wirklich überlegen, was man noch hinnimmt und was nicht. Man ist ja kein blutiger Anfänger mehr, was freche Mitmenschen und ihre Dreistigkeiten angeht. Und Krankenschwestern sind wunderbare Übungsobjekte. Oder kennen Sie eine bösere Gattung Mensch? (Ausnahmen bestätigen die Regel, ich weiß, ich weiß.)

Meine Stimme ist sehr kehlig, und es tut weh, aber die Worte lohnen sich immerhin. Zwei Schwestern schieben mich schließlich genervt in meinem Bett Richtung Privattrakt. Ich winke wie die Queen.

»Herzlich willkommen!«, sagt eine nette Frau mit Halstuch am Empfang der Privatklinik.

»Danke, ich komme aus der Hölle«, sage ich.

»Glaube ich Ihnen, ich habe da auch mal gearbeitet.«

Kurze Zeit später bin ich in meinem Einzelzimmer und mehr als froh, so vehement auf meinen Umzug bestanden zu haben. Während bei den Kassenpatienten die Klingeln ewig weiterklingeln, weil ja nie jemand kommt, zwitschern hier die Vögel vor den Fenstern. Traurige Patientenwelt.

Am Abend schleiche ich mich noch einmal die Gänge hinauf Richtung HNO-Station für Kassenopfer. In Zimmer 34 ist das Bett leer. Mir bleibt das Herz stehen. Meine Bettnachbarin ist nicht da. Was bedeutet das? Haben sie ihr den Schwindel aus dem Leib getrommelt? Oder sie so lange ignoriert, bis es sich ausgeschwindelt hat? Mir laufen fast die Tränen herunter, da drückt jemand ganz zart von innen die Klinke der Badezimmertür.

»Ach, hallo«, sagt meine Ex-Bettnachbarin.

»Hallo!«, sage ich und bin so erleichtert wie schon lange nicht mehr. »Ich habe immer noch Sprechverbot, wollte Ihnen aber sagen, dass ich darüber geschrieben habe. Und die E-Mail ist eben gerade an die Klinikleitung gegangen!«

Heute nicht: kreditwürdig sein.
Oder: plötzlich Schwerverbrecher!

Eigentlich halte ich mich für verhaltensunauffällig. Möglicherweise etwas mehr Paradiesvogel, manchmal etwas zu verkopft und zu umständlich. Wäre lieber manchmal ein gedanklicher Klappstuhl, der weiß, wie praktisch geht. An den Tagen, an denen ich mich richtig effizient in meiner Organisation finde, kommt Jenz nach Hause und macht das Gleiche in der Hälfte der Zeit. Fängt beim Müllrausbringen an und endet bei einfachen Copy-Paste-Funktionen am Computer, die er mit zwei Fingern macht. Dafür schillern meine Flügel bunter, sage ich mir dann.

Und ich bin sehr professionell im Hinsetzen. Neulich hatte ich eine Lesung in Regensburg, und Jenz sagte hinterher: »Wie du dich in den Sessel gesetzt hast. Wahnsinn. So was von professionell.« Ich kann also auch etwas. Mich hinsetzen. Bin eine Professionelle. Trotzdem brauche ich leider immer noch zwei Stunden für einen Druckauftrag, aber das weiß ja keiner.

Zurück zum Verhalten: Ich bin so gestrickt, dass ich gerne gleich bezahle. Grund: Ich habe gerne nichts offen. Das gilt für Liebeserklärungen genauso wie für die Reinigung und die Müllabfuhrgebühren. Ich bin sogar ein bereitwilliges Vorkassenopfer, wenn ich Vertrauen habe. Ich bin ungern im Minus und habe bei jeder Mahnung für vergessene Arztrechnungen ein leichtes Ziehen in der Magengegend, weil ich es so peinlich finde. Meine Eltern sind auch so, Sofortbezahler, keine Verhandler, keine Feilscher, lieber noch richtig Trinkgeld obendrauf, selbst wenn man abgezockt wird und die Rechnung viel zu hoch und nur ein Testballon war. »Weil es sich so gehört, Anna.« Mein Papa. Alte Schule. Mit Ehrgefühl und Stil und so.

Das ist nun alles Schnee von gestern, denn ab sofort bin ich Schwerverbrecherin. Und das habe ich ganz zufällig herausgefunden: Die Schufa behauptet das, und die müssen es ja wissen. Angeblich habe ich seit Monaten bei Fressnapf eingekauft, Hundefutter im Wert von 790 Euro, und das nicht mal bezahlt. Für einen Hund, den ich nicht habe. Außerdem Reinigungsequipment für ein Aquarium, das ich nicht besitze, für die Fische, die bei mir nicht schwimmen. Ein Schönheitschirurg, der mich ohne mein Wissen am Bodensee geliftet hat, wartet auch noch auf ein paar Tausend Euro. Auch die Rechnung für das ferngesteuerte Modellflugzeug aus Düsseldorf, das ich ja immer in meiner Freizeit fliegen lasse, ist noch nicht bezahlt.

Ich habe lange überlegt, wie viel kriminelle Energie und Verbrechertum in mir stecken. Ich gebe zu, dass ich immer nervös werde, wenn ein Polizeiauto hinter, vor oder neben mir fährt. Selbst, wenn ich nur 45 km/h fahre und das Handy in der Handtasche liegt. Wenn die Fahrschule hinter mir fährt, habe ich auch immer diese Vorstellung, dass der Fahrlehrer zum Schüler sagt: »Guck mal die, so bitte aber mal gar nicht.« Und wenn ich bei IKEA an die Selbstscanner-Kasse gehe, kann es schon passieren, dass ich ein Teil vergesse und mich diebisch über den »Rabatt« freue. Finde ich aber auch völlig okay, so viel Geld, wie ich schon im schwedischen Möbelhaus gelassen habe. Das war's. Ansonsten bin ich gefährlich wie meine Kinder vor der *KiKa*-App: Gar nicht. Nicht mal anwesend.

Mein Banker Dirk, der mich seit Kindesbeinen kennt, hat genauso Tränen gelacht wie ich. Bis es um den Kredit ging, den ich gerne zum Dachbodenausbau haben wollte. »Tut mir leid, kannst du so nicht haben, Anna. Lass das erst mal löschen.«

Anruf bei der Schufa. Ich: »Was ist denn bei Ihnen schiefgelaufen?«

Eine Frau, die klingt, als säße sie in einer Bar beim dritten Whiskey mit baumelnder Kippe zwischen den Zähnen, sagt: »Wohl eher bei Ihnen. Sie müssen das alles anklicken, dann prüfen wir das.«

»Und wenn jemand hier Identitätsklau betreibt oder meine Daten kopiert hat?«, frage ich ungläubig.

»Das müssen wir dann sehen«, erwidert die Frau mit der tiefen Stimme, die mich jetzt an die böse Tintenfischhexe aus *Arielle* erinnert. »Kann ja jeder kommen.«

Langsam werde ich etwas sauer.

»Was haben Sie jetzt nicht verstanden? Ich kann mich nur wiederholen«, sagt Ursula ungerührt.

Ich beschließe, nicht in Panik zu verfallen. Das macht dafür mein Mann: »Das kann unser Leben ruinieren. Dir ist schon klar, dass du mit den Einträgen nichts mehr bekommst? Keinen Kredit, kein Auto-Leasing, keinen Handyvertrag. Ende mit der Klamottenbestellerei im Internet. Das ist dann alles vorbei. Wir müssen uns darum jetzt kümmern – oberste Priorität.«

»Ist mir vollkommen klar. Aber geht ja auch nicht schneller, wenn einem vor Wut das Blut in den Ohren rauscht, oder?« Ich bleibe cool. Das ist mein neues Ich. Schließlich weiß ich ja genau, dass ich ganz klar ein »Identitätsklauopfer« bin. Schönes Wort, typisch deutsch. Erst mal drei Nomen bis kurz vor Unaussprechlichkeit zusammenschweißen. Oder ich bin eben nur eine banale, aus einem Wort bestehende Verwechslung. Dennoch: Das Gefühl, mit einem Bein kurz vorm Kittchen zu stehen, bleibt.

Als ich mit Theresa vom Spaziergang wiederkomme, ruft meine Nachbarin über den Gartenzaun: »Anna, hattest du die letzten Vitamine bezahlt, die du bestellt hattest?« Hanne ist mein Mikronährstoffdealer, da sie Prozente bekommt und genau weiß, was man wann nehmen muss.

»Ja, schon längst. Habe am gleichen Tag überwiesen.«

»Komisch, habe noch nichts auf meinem Konto.«

Mein Vater steht mit meiner Post in der Tür und murmelt: »Da sind schon wieder Pakete für dich gekommen – wieder Sachen für die Kinder? Wie behält man da den Überblick? Und die arme Umwelt …«

Am Ende des Tages schleiche ich dann doch mit ein paar seltsamen Gefühlen durchs Wohnzimmer. Als hätte mir die Schufa ein Schild um den Hals gehängt: Kreditwürdigkeit acht Prozent! Diese Frau bestellt schon wieder den »Marina Algenschrubber, groß«? Sehr verdächtig! Sie will Hundefutter für ihren nicht vorhandenen Hund? Das vegane in Bioqualität auch noch? Und neue Wangenknochen? Macht lieber den

Fressnapf-Laden dicht und schmeißt das Skalpell weg. Sie könnte euch ruinieren. Euch mit in den Sumpf der Nichtzahler und Schuldner ziehen!

Die Kinder schlafen, der Geschirrspüler ächzt, und ich fühle mich wie bei den *Hunger Games*. Zum Abschuss freigegeben.

»Hey Catness Aberdeen! Doch nicht mehr so cool? Wir klären das morgen auf – alles gut. Du solltest es nur ernst nehmen«, lacht Jenz, der mir ein Glas widerlichen und teuren Portwein reicht.

Ich frage nur: »Habe ich den bezahlt?«

Nachts träume ich von Mahnungen, die ins Haus flattern und alles vollstopfen, sodass wir in kein Zimmer mehr kommen. Die Kinder liegen inmitten von Kassenzetteln im Bett, und auf allen Möbeln bis hin zur Kaffeetasse in meiner Hand kleben Uhus.

Am nächsten Morgen klingelt das Telefon: »Guten Morgen, Real Solution Inkasso!«, flötet eine sanfte Frauenstimme, die so weich ist, als würde sie seit Stunden Katzen streicheln und heiße Milch mit Honig runterkippen. »Also, wir nehmen alle Einträge bei der Schufa bei Ihnen raus. Sie hatten sie ja zur Überprüfung angeklickt. Da muss die Schufa etwas verwechselt haben. Einen schönen Tag noch.«

Und die Moral von der Geschicht? So schnell ist man ein Verbrecher nicht!

Mein Innerstes und ich

Heute nicht: sich selbst normal finden

»Bleib doch noch, solange die Color Fantasy vorbeifährt«, schlägt der Ministerpräsident vor. Und so sitzen wir einen Moment vor der riesigen Fensterfront seines Büros und schauen einfach nur diesen Koloss von Schiff an, wie er sich durch die Kieler Förde schiebt. 224 Meter lang. 35 Meter breit. Vielleicht mit 2750 Passagieren an Bord, die alle nach Oslo wollen. Es ist ein besonders grauer Tag, und der Name der Autofähre hat schon fast etwas von Protest. Es ist Freitag, 14:15 Uhr. Als Ministerpräsident von Schleswig-Holstein braucht man keine Uhr und kein Smartphone. Der Schiffsverkehr ist pünktlich.

Genau wie ich, denn ich bin zwei Stunden vor meinem Termin losgefahren. Schließlich will ich meine 30 Minuten nutzen. Es ist mein political Friday – casual kann ja jeder. Ich parke auf einem Parkplatz vor der Staatskanzlei und finde mich in einem Gebäude wieder, das mich mit seinen blauen Säulen und dem schwarz-weißen Kachelboden an eine Schwimmhalle erinnert. 60er-Jahre-Chic. Und ich dachte, hier würden Macht und Politik quasi osmotisch durch die Wände und seine Besucher quillen. Eher nicht. Alles harmlos. Badebetrieb as usual. Ein Kamerateam von *RTL* holt gerade noch einen O-Ton, während mir ein Kaffee angeboten wird. Witzig, denke ich, das war mal mein Job vor zehn Jahren. Bin inzwischen erwachsenes *RTL*-Ziehkind und sitze jetzt allein hier. Irgendwann stelle ich fest, dass ich die Kacheln anschmunzele.

Du hast echt einen Termin beim Ministerpräsidenten bekommen? – Was hast du an? – Was fragst du ihn denn? leuchten die Nachrichten auf meinem Display auf. Meine Freundinnen finden meine Mittagsplanung offenbar spannend, mein Papa sowieso. Der wäre als großer Umweltaktivist und Bundesverdienstkreuzträger am liebsten gleich mitgekommen. Ich streiche meinen Blazer glatt und finde alles surreal: Bin ich wirklich 37, schreibe mein drittes Buch und sitze gleich vor einem Mann, dessen Job es nur 16-mal in Deutschland gibt und der permanent unter Personenschutz steht?

Ich schreibe Johanna: *Kennst du das, wenn du im Auto sitzt und denkst: Wahnsinn! Ich fahr das Teil! Auch wenn ich meinen Führerschein jetzt schon 20 Jahre habe? Oder: Du bist hier die Mutter in dieser Familie. Die TV-Moderatorin, die gleich vor der Semperoper live schaltet. Die Journalistin, die gleich den Ministerpräsidenten interviewen wird …*

Ja, kenne ich. Habe ich ganz oft, diesen Flash. Ich habe gar nicht mitbekommen, dass ich erwachsen geworden bin. Und manchmal trifft es mich wie ein Schlag. Ich bin ja ich! Aber ich weiß nicht, ob es allen so geht.

Kurz muss ich an meine verstorbene Mutter und ein Mutter-Kind-Enkelin-Wochenende in Heiligendamm 2014 denken. Ich war über folgenden Spruch gestolpert: *In every older person there is a younger person who is wondering: ›What the hell happened?‹*, und meine Mutter sagte nur ebenso amüsiert wie begeistert: »Genau so ist es, Anna! So ist Älterwerden!«

»Frau Funck! Er wäre jetzt so weit!« Eine freundliche Dame nimmt mich mit, die LKA-Beamten winken, denn sie kennen mich ja schon. Dann sitze ich mit dem Ministerpräsidenten und derzeitigem Bundesratspräsidenten Daniel Günther, 45, und seiner gestreiften Krawatte allein im Büro. Schlicht ist es, aufgeräumt, aber hell und einladend. Kein Schwimmhallen-Look mehr. Der Bademeister arbeitet modern. Und offenbar erfolgreich, denn Schleswig-Holstein hat ganz gut Oberwasser und ist angeblich ja das zufriedenste Bundesland.

»Wir sind allein? Ich dachte, du hast immer einen Presse-Anstandswauwau dabei?«, frage ich lachend.

»Normalerweise, ja. Aber ich vertraue dir.«

Find ich gut. Und so sitzen wir allein an einem Schreibtisch, an dem gut und gern zehn Leute Platz nehmen könnten. Und ich beschließe, Daniel Günther genau die gleiche Frage zu stellen, die ich Johanna gestellt habe. Und der findet das zum Glück nicht mal komisch.

»Ich muss schon ab und zu mal überlegen, was ich jetzt alles bin. Aber in der Tat fühle ich mich auch viel jünger, als ich tatsächlich bin. Dieses Gefühl, dass man jetzt eigentlich alt und erwachsen ist, Kinder hat und nicht mehr über die Stränge schlagen kann, habe ich noch nicht. Ich denke immer, ich könnte heute Abend ins Ela nach Schleswig fahren – bin ja noch jung genug. Das ist noch nicht so weit weg.«

Ich muss lachen, weil das alles so studentisch klingt, nach Treppentrinken, Knotentanz und viel Bier, während wir hier so offiziell unter der Flagge von Schleswig-Holstein sitzen.

»Und früher waren die Leute auch älter«, fährt Daniel Günther fort.

»Waren die Menschen tatsächlich älter, oder ist das nur unsere Wahrnehmung? Oder sind wir einfach nur anders? Es fühlt sich ja alles richtig und organisch an, wie Elternwerden, man wächst hinein. Aber wenn man hin und wieder mal zurücktritt – denkst du dann auch: ›Krass‹?«

»Ja, klar. Wenn ich mir heute vorstelle, dass ich Gerhard Stoltenberg immer bewundert habe und dass ich jetzt auch Ministerpräsident von Schleswig-Holstein bin, denke ich schon: Das ist witzig und cool. Ich denke, es war schon immer so, dass die Leute, wenn sie diese Rolle angenommen haben und untereinander waren, mit ihren Kumpels dann trotzdem wieder jünger waren. Ich fahre jetzt in zwei Wochen mit meinem besten Freund nach München, und ich weiß, das Wochenende wird wieder so wie vor zwanzig Jahren.«

Je länger wir reden, desto absurder kommt es mir vor, dass Daniel »Landesvater« sein soll. Weil wir einfach so drauflosquatschen, als hätten wir zusammen Abi gemacht. Okay, das hatte er sieben Jahre vor mir in der Tasche, aber er ist mein erster Ministerpräsident – ja, ich habe schon einige als Reporterin interviewt –, der so gar nichts staatstragend Offizielles hat. Dafür macht er etwas sehr Ungewöhnliches für einen Politiker: Er hört zu. Auf eine Art und Weise, als würde er jegliches Grundrauschen ausschalten. Als würde er der Förde das Wasser entziehen, den Terminkalender ausblenden und die Zeit anhalten. Und er beantwortet jede Frage. Wir sitzen in seinem Büro wie in einem eigenen Mikrokosmos, der sich unantastbar anfühlt. Hin und wieder kommt die nette Kaffeedame rein und gibt nervös Zeichen, dass meine Interviewzeit abgelaufen sei, was für mich vollkommen okay ist, ich bin aufsprungbereit, aber Daniel bedeutet mir, dass wir noch Zeit haben. Er ist die Ruhe in Person. Stress? Heute nicht. Da muss ich natürlich nachhaken.

»Wie behält man denn bitte immer die Ruhe als Ministerpräsident?«, will ich noch wissen, während die Color Fantasy den Nebel in zwei Hälften teilt.

»Die ganz große Kunst ist es, gut zuzuhören. Wenn ich irgendwo bin, dann bin ich auch wirklich da. Und hilfreich bei der inneren Ruhe ist auch, wenn man wichtig von unwichtig unterscheiden kann.«

»Aha«, sage ich und denke, gut, dass du nicht durchs Raster gefallen bist. Die Color Fantasy ächzt mit den letzten Metern am Bürofenster vorbei, und Daniel muss nun wirklich zum nächsten Termin. Eine Assistentin macht noch schnell ein Foto von uns, und dann bin ich auch schon wieder in der Schwimmhalle und kurz versucht, den LKA-Beamten: »Heute Abend dann ins Ela?« zuzurufen.

Entschließe mich dann aber, Johanna zu schreiben: *Es geht auch anderen so. Wir sind nicht die Einzigen. Selbst Ministerpräsidenten denken manchmal: Krass!*

Heute nicht: spirituell wachsen

Ich treffe Eva, Freundin einer Freundin, immer sehr nette Partygespräche bei gemeinsamen Einladungen, an einer Saftbar. Wir haben uns ewig nicht gesehen. Sie trinkt eine »Grüne Wiese«, während ich den »Kräutergarten« bestelle.

»Eigentlich fand ich diese gequirlte Kuhnahrung immer ätzend. Aber jetzt habe ich gemerkt, dass es mir ganz gut bekommt, weißt du? Übrigens soooo schöööön, dich wiederzusehen.« Eva tastet mich einmal von oben bis unten ab, kennt man ja, diese typische Abcheck-Sekunde, die es nur unter Frauen gibt und von der Männer gar nicht wissen, dass sie existiert. Eine Art Bodyscan, der alles beinhaltet: Bitch oder Freundin, sieht sie gut aus oder fertig, mag ich sie noch, oder ist sie nicht mehr die Alte? Was trägt sie da eigentlich? Steht mir das auch? Oh, und Isabel Marant an den Füßen! Die brauche ich auch. Frauen wissen, was ich meine. Das passiert natürlich total nebenbei und absolut unauffällig. (Und in Sachsen lustigerweise nie. Da intercssiert das keinen. Witziges Phänomen, finde ich.)

»Und, wie geht es euch so?«, frage ich.

»Ach, die Kinder machen ihr Ding, Teenies wissen ja alles besser, aber solange die Schule läuft und es nicht nach Marihuana riecht … Ich habe heute Abend ein Seminar gebucht. Ich arbeite nämlich jetzt verschärft an mir selbst. Meinem persönlichen Wachstum. Hey, du solltest mitkommen! Ist ein tolles Programm: Achtsamkeitsmeditation, Mindset-Refresh, Yoga … Wir entwickeln an einem Abend unser ganzes Potenzial.«

Ich spucke fast meinen Ananas-Ingwer-Rauke-Smoothie über die Theke. An Eva erinnere ich mich eigentlich nur im Hosenanzug, Karrierefrau, rote Lippen, die so Sätze formen wie: »Kein Wunder, dass das Team nicht committed ist. Die Leute müssen wirklich enabled sein, ihren Job zu machen. Wir sollten das letzte Konzept noch mal challengen. Kannst du das reschedulen?«

»Das ist lieb, aber Yoga ist irgendwie nicht mein Ding. Ich find's toll, aber mir fallen immer zehntausend Dinge ein, die ich noch machen will, bevor ich Yoga mache, und dann ist der Tag immer vorbei.«

»Tja, dann ist das wohl … dein Problem. War soooo schöön, dich gesehen zu haben. Solltest du mal dran arbeiten. Ich muss los. Ciao!«

Theresa guckt mich aus ihrer Karre an, als wollte sie sagen. »Was war das denn für ein Vogel?« Ich lache und flüstere ihr zu: »Vermutlich ein spirituell neu erwachter.«

Und während wir weiterschieben, denke ich: Was, wenn ich gar nicht an mir arbeiten will? Weil ich mit mir zufrieden bin?

Ich wachse auch so. An meinen Aufgaben. Meinen Gedanken. Meinen Erfahrungen. Guten wie schlechten. Gieße mich täglich selbst. Muss ich dafür einen Kurs buchen? Was, wenn ich mich gerade völlig in Ordnung finde? Kann sich ja ändern, dann rufe ich den nächsten Schamanen an, gehe auf Trancereise und suche meine verlorenen Seelenteile – versprochen. Aber bis dahin kann ich vielleicht einfach so weitermachen? Was, wenn mein inneres Kind aus den 80ern ganz happy spielt und sich mein Erwachsenen-Ich mehr als behaglich fühlt in der Jogginghose auf dem Sofa neben dem Göttergatten, wenn alle kleinen Menschen schlafen? Mein Higher Self ist zu diesem Zeitpunkt meistens platt. Vom Tag mit meinen Kindern. Muss ich dann noch »weiterarbeiten«?

Ängste hat doch jeder. Welche Mutter hat nicht Angst davor, dass ihr Kind auf die Straße läuft? Davor, dass den Liebsten etwas passiert? Oder dass die Schokolade abends alle ist? Da helfen weder Pfefferminzöl noch Räucherstäbchen oder Sieben-Chakren-Heilsteine-Sets. Meine Schöpferkraft möchte dann eigentlich nur noch mit meinem Mann kuscheln oder Kichererbsenchips essen. Und ich bin dann auch so klar, dass ich meine Dankbarkeitsgründe blitzschnell zusammenfassen kann: Mann. Chips. Geht ganz fix.

»Mama, Eier!«, ruft Theresa. Sie nennt Karlotta ja, wie schon erwähnt, seit sie sprechen kann, immer »Eier«. Wie sie auf diesen Namen kommt, wissen wir nicht, aber vielleicht ist es etwas Spirituelles? Die beiden Mädchen umarmen sich, die eine aus dem Buggy, die andere mit Ranzen auf dem Rücken, denn wir stehen direkt vor der Schule. Ich schmelze ein bisschen vor Liebe und habe ganz ohne Workshop noch einen Punkt auf der Dankbarkeitsliste. Bin schon wieder gewachsen heute. Ohne daran gearbeitet zu haben. Wahnsinn.

Heute nicht: Angst haben

Manchmal fällt einen die Angst ja an wie ein wildes Tier. Sie sitzt mitten im Herzen und quetscht sich da drinnen so herum wie die Berufspendler Tokios in der U-Bahn. Und dann sitzt du da und denkst: »Heute nicht. Morgen aber auch nicht. Am besten gar nicht.« Das geht auch mir so. Ich stelle mich zwar ohne Probleme vor ein Millionenpublikum, aber laden Sie mich mal zu Ihrer Geburtstagsfeier mit 15 Unbekannten ein. Bevor ich den Unterhaltungskasper gebe, sterbe ich kurz mal. Und frage mich, während ich noch am besten als Letzte in die Runde platze: Soll ich jetzt allen die Hand geben, oder reicht einmal winken? Ganz Bekloppte klopfen ja auf den Tisch und sagen »Ich mach dann mal so!«, als befände man sich in einem bayerischen Traditionsbrauhaus und würde gleich den ranzigen Bierkrug aus dem Familienschließfach ziehen. Not my style. Winke lieber stilvoll wie die Queen – und fühle mich trotzdem blöd. Aber jetzt jedem die Flosse schütteln und sagen: »Also, ich kenne Sophie über Leonie, weil ihre Freundin mal die WG-Mitbewohnerin von meinem Ex aus Unizeiten nach dem Umzug von Köln nach Hamburg war ...« Sie verstehen?
Aber zurück zur Angst: Die nervt. Und das Verrückte ist ja, je weniger herausfordernde Termine vor einem liegen, desto mehr Kapazitäten hat der Kopf, aus ganz banalen Dingen Horrorszenarien zu zimmern. Wenn man nicht morgen einen Bungeesprung oder einen Kaiserschnitt geplant hat, dann werden schon alltäglichste Fragen manchmal zugspitzenhoch.
Wie die Frage am Lufthansa-Gate: »Ist da noch frei?«
»Da sitzt mein Koffer.«
Oder: »Ich bin doch nur fünf Minuten zu spät. Wollen Sie nicht auf das Knöllchen verzichten?«
»Nein, Sie kennen die Uhr, oder?«

Und das Miese ist: Die Angst trägt in jeder Saison eine neue Jeans. Zuletzt Highwaist ohne saubere Nähte. Noch vor zehn Jahren hätte man sich darüber lustig gemacht. Jetzt brauchst du Mut. Als Teenie hast du Angst, dass dein Schwarm diesen winzig kleinen Pickel auf deiner Stirn wahrnehmen könnte, als Studentin, dass du die Prüfung nicht schaffst, obwohl du alle Bücher noch mit 2,5 Gläsern Gin Tonic herunterbeten könntest, als Mutter, dass das Baby am Schnupfen und du am Schlafmangel sterben könntest, und als Berufstätige, dass du niemals deinem Vorgesetzten sagen wirst, was für ein feiger, unemanzipierter Lappen er doch eigentlich ist.

Zuletzt kroch mir die Angst den Nacken hoch, als ich unsere Nachbarin ins Krankenhaus fuhr. Wir wollten ihren Mann nach einer Herz-OP besuchen, und ich hatte wieder die gesamte Gefühlsklaviatur aus den letzten Lebenswochen meiner Mutter auf der Herzagenda: Das Klack-Klack der Desinfektionsbügel, die Gerüche auf den Fluren, das Knistern der Einmalhandschuhe und der Schutzschürzen. Aber: Hinter jeder zitternden Angst wartet ein lächelnder Mutausbruch.

Anruf bei Coach und Angstprofi Sabine Dinkel, die seit 2015 mit Krebs lebt, den sie fast liebevoll »Eierstock-Schnieptröte« nennt und mit Humor kleinkriegt: »Was machst du gegen die Angst?«, will ich wissen.

»Ich habe meiner Angst einen lustigen Namen verpasst. Sie heißt Hildegard. Sie kommt oft morgens nach dem Aufwachen zu mir auf die Schulter gekrabbelt, wenn ich mich noch nicht gut wehren kann. An Tagen, wo ich mir Sorgenpause verordnet habe, sage ich ganz laut STOPP, dann trollt sie sich oft von dannen. Wenn das nicht klappt, schreibe ich Angsttagebuch, in dem ich alles notiere, womit mich Hildegard in diesem Augenblick peinigt. So schaffe ich es, ihre Stimme aus meinem Kopf ins Buch zu verbannen, und fühle mich danach oft sehr viel besser. Außerdem sehe ich zu, dass ich mich bewege, indem ich mit Hildi dreißig Minuten um den Block walke. Wenn das Wetter zu schlecht ist, tanze ich zu lauter Musik oder radel auf meinem Ergometer. Wenn es dann immer noch nicht reicht, muckel ich mich auf dem Sofa ein. Entweder ich lese oder zeichne, höre Podcasts oder schlafe.

Mir fallen immer wieder neue Dinge ein, um einen konstruktiven Umgang mit Hildegard zu finden. Sie hat ja eine wichtige Funktion und will, dass es mir gut geht. Dennoch will ich die Regisseurin bleiben und ihr nicht ständig die Hauptrolle gönnen. Es reicht, wenn sie ab und zu ihre Auftritte hat.«

Die Strategie gefällt mir: »Meinst du, man kann sich die Angst eigentlich zum Freund machen?«

»Klar! Indem ich Geschichten über sie erzähle und die Angst als Teil von mir sehe. Wenn sie allzu stark an mir rupft, schaue ich sie trotz Herzklopfen entschlossen an. Dann erst kann ich Vereinbarungen mit ihr treffen und mich gezielt mit ihr verabreden. Und das am liebsten zu meinen Bedingungen. Klar, das klappt nicht immer, manchmal ist sie bockig. Doch sage ich mir, dass ich wie ein Korken auf der (Angst-)Welle reite, jedoch niemals untergehe. Ich kalkuliere Ängste bewusst mit ein, gebe ihnen gezielt Raum und rede auch mit anderen darüber. Geteilte und gestaltete Ängste sind weniger gruselig. Mit diesem Prinzip fahre ich eigentlich ganz gut. Ich kalkuliere ein, dass im Leben auch mal ein Gewitter im Anmarsch ist, ohne dass ich gleich vom Blitz getroffen werde. Und auf Regen folgt doch irgendwann wieder Sonnenschein.«

»Beherzt ins Gesicht gucken – das ist auch mein Rezept. Und dann einfach anfangen. Verrückterweise machen es sich ja die meisten Frauen schwerer. In den meisten Männern scheint etwas mehr ›Trump‹ zu stecken. Die machen das, was sie wollen.

Ich nehme mir ja immer vor, etwas mehr ›Toupet zu tragen‹. Frei nach dem Motto: ›Nein, mache ich nicht / habe ich nie gesagt / was interessiert mich mein Gelaber von gestern, alles Fake News / ich muss nicht gemocht werden.‹ Ist nicht einfach«, sage ich.

»Ich übe mich täglich im freundlichen Neinsagen«, erklärt mir Sabine. »Durch meine Krebserkrankung kann ich inzwischen sehr viel besser Prioritäten setzen. Es gibt Tage, da wache ich gefühlt mit nur vierzig Prozent in meinem Energiespeicher auf, die ich vor allem für meine Genesung brauche. Wenn mich jemand um einen Gefallen bittet, hinterfrage ich mich ganz genau, bevor ich zu- oder absage. Dazu habe ich mir vier Filter ausgedacht:

1. Bringt es mir Freude?
2. Sichert es mein Weiterleben?
3. Füllt es meinen Kühlschrank?
4. Tappe ich gerade in die Nettigkeitsfalle?

Seitdem ich meine Entscheidungen durch diese vier Filter schicke, geht es mir wesentlich besser. Ich komme innerhalb kürzester Zeit zu einem Ergebnis. Das Gute: Ich mache Dinge nicht mehr aus reiner Höflichkeit oder aus Angst davor, mich unbeliebt zu machen. Klar, meine Umsatzsteuervoranmeldung besteht keinen der vier Filter. Aber wenn ich sie nicht mache, ist mir der Preis zu hoch, den ich dafür zahlen würde.«

»Die vier klaue ich dir ab sofort!«, beschließe ich lachend.

»Wobei: Ich glaube, ich habe die auch schon zum Aussieben benutzt. Nur nicht bewusst.«

Zufrieden schreibe ich mir gedanklich eine To-do-Liste, während ich durch unsere Küche tanze:

1. Etwas mehr »Trump« in höflich werden.
2. Handtaschenintoleranz auf Stühlen demonstrieren.
3. Knöllchen als Luxus begreifen.
4. Angst an die Hand nehmen und losgehen.

Heute nicht: unbedingt rausmüssen

Ich finde ja, der norddeutsche Sommer hat einen Schönheitsfehler: Eigentlich besteht er zu 50 Prozent aus Regen. Und wenn sich mal ein Sonnenstrahl durch die Wolkendecke kämpft, dann ist erst mal Ausnahmezustand. Dann wird die Sonnenbrille aufgesetzt, das Cabrio rausgeholt, und alle sitzen in Cafés und frieren ganz lässig unter den Heizpilzen. Eine *RTL*-Liebe aus meinen 20ern, der aus NRW in den Norden gezogen war, pflegte immer zu posten: #lebenwoandereurlaub machen. Ich dachte dann immer: #nurwarum? Aber vielleicht ist es auch ein Erlebnis, wenn man aus'm Pott kommt, in Laboe oder Grömitz käseweiß bei bedecktem Himmel unterm Handtuch am Strand zu frieren. So oder so: Kommt die Sonne raus, müssen alle los. Raus. Raus. Raus. Mein Freund Björn holt das Wohnmobil, Johanna schlägt sich durch den Golfplatz, es müssen Gartenpartys gefeiert werden, Strandausflüge organisiert und Beachmotel-Brückentage durchgezogen werden. #4eversummer. Kann ja auch alles Spaß machen, wenn es nicht in Freizeitstress ausarten würde.

Ich gestehe: Ich bin auch gern zu Hause. Ich liebe es, wenn Jenz mit Herzchen in den Augen den Grill auf die Terrassenmitte zieht, ein paar Fenchel-Salsicce auf die Glut schmeißt und ganz archaisch das rohe Fleisch über seiner Feuerstelle zubereitet. Dazu ein bisschen Melonen-Feta-Salat, ein Radler, mein Bruder mit Familie aus New York zu Besuch, und meine Welt ist perfekt. Die Kinder spielen Fußball, schaukeln oder verprügeln sich auf dem vertikutierten Rasen und sind glücklich dabei.

Und am kommenden Freitag kommt sie wieder, die Frage: »Was macht ihr am Wochenende?«

Früher habe ich gerne gesagt: »Ach, wir haben so viele Pläne, mal gucken, was es wird.« Und das stimmte sogar. Aber mit zwei Kindern ist man ja auch nicht mehr so gesellschaftsfähig. Jetzt sage ich gern: »Nichts.«

Und dann kommt gerne ein: »Nichts?«

»Ja, nichts.« Und finde es großartig. Oder soll ich in Kampen den Kindern mit Schampusglas hinterherjoggen? Volle Windeln an Tankstellen wechseln? Stundenlang im Stau stehen, während die Kinder mit viereckigen Augen die Tablets kaputtglotzen? Fremde Babysitter in Hotels engagieren, um dann alle 20 Minuten sicherzugehen, dass das nette Mädel von der Rezeption nicht doch eine Axtmörderin ist? Ja, so glucklig bin ich.

»Such dir doch einen Babysitter bei eBay! Da gibt es wahre Goldstücke«, schlug mir neulich eine Freundin vor, als ich wieder ein außerhäusiges Barbecue absagte. Da hat sie vielleicht auch recht. Nur: Dafür bin ich viel zu unentspannt, was ich wiederum völlig okay finde. Da bin ich entspannt.

So oder so, kommt die Sonne raus, muss man auf die Autobahn. Irgendwohin. Hauptsache raus. Citytrip hier, Brückentagkurzurlaub da. Ich mag meinen Garten. Jedenfalls in diesem Lebensabschnitt, in dem ich total zen mit mir bin, wenn mal keiner schreit und alle durchschlafen. Letzten Sommer hat mein Mann für die Kinder ein Baumhaus gebaut, in dem die Erwachsenen meistens abends noch ein Glas Wein trinken. Also er und ich. Die Kinder schaukeln dann gerne an den Ästen unter uns. Als meine Freundin Julia das Baumhaus das erste Mal sieht, sagt sie: »Das musst du bei Airbnb reinstellen. Da kannst du richtig Kohle mit machen.« Eigentlich keine schlechte Idee. Aber wo sitze ich dann abends, wenn die Eichen rauschen und die Pferde durch die Nüstern schnauben? Dann muss ich ja wegfahren. Und mit allen anderen im Stau stehen, die auch unbedingt rausmüssen.

Man stelle sich mal vor: Es wäre Wochenende, die Sonne schiene, und alle wären daheim. Und fänden das gut. Das wäre Klimaschutz vom Feinsten. Kann man auch lifestyletechnisch super mit Summer Cocooning rechtfertigen. Richtig trendy. In Hamburg-Eppendorf würden überall die Laternen auf den Altbaubalkonen entzündet, es würde nach Lavendel, Minze und Basilikum duften, was dann ja alle im DIY-Minigarten hochziehen würden, die Menschen würden vielleicht sogar ihre Nachbarn kennenlernen, wenn der Rotwein aus Versehen aus Etage drei herunterschwappt, weil sich wer flirtend vorgelehnt hat. Welch Idylle. Südländisches Flair. Keine Staus mehr. Kein Stress. Und ich könnte sogar mal an den Strand gehen, da ja keine Hamburger Touris kommen würden. Der liegt nämlich zehn Minuten von uns anmutig sandig um die Ecke, aber in der Hochsaison ist der Lärmpegel selbst zu hoch, um auch nur Kinderwagenspaziergänge zu machen. Warum ich nicht rausmuss? Ich weiß es nicht. Vielleicht habe ich schon in meinen 20ern ein paar richtig gute Partys gefeiert, war zu lange Berufsnomade, vielleicht bin ich zu zufrieden verheiratet oder schlichtweg faul. Aber ist das wichtig am Ende?

»Hast du schon den Sommerurlaub gebucht?«, fragt mich Verena. »Da musst du dich aber echt beeilen jetzt. Frühbucherrabatt ist bald nicht mehr.«

»Keine Sorge, alles schon reserviert.«

Erwähnte ich es: Mein Baumhausplatz ist meistens vorne links mit Blick auf den Mond und die Sterne. Und Besuch zum »tree homing« hat sich auch schon angekündigt. Alle, die mal rauswollen.«

Heute nicht: die innere Mitte finden

»Also, Anna, mit dir im Auto zu sitzen ist ja total anstrengend.« Meine Nachbarin Hanne, friedfertige Rentnerin, 81, immer fixiert auf das Positive, ist entrüstet: »Wie kann man denn so viel auf alle anderen schimpfen? Da verlierst du doch deine ganze Energie.«

»Nö«, sage ich knapp. »Überhaupt nicht. Ich sprech's aus, und dann ist es weg. Alles super. Und wer mir meinen Mutter-Kind-Parkplatz wegnimmt und nicht mal einen Kindersitz hinten drin hat, der gehört einfach gesteinigt. Das bedeutet nämlich für mich: Hinten parken, alle meine Einkäufe schleppen, Kind ein paarmal vor dem sicheren Tod retten und dabei alles fallen lassen. Oder ich parke vorne – und keinem passiert etwas. Neulich hat da eine Berliner Hundemutti geparkt. ›Ditt is och een Kind, wa. Ditt is meins. Und meen Kind is och jestresst, wenn ich nicht da bin. Der pupst denn ditt janze Auto voll‹, hat die gesagt. Und ich: ›Das mag alles sein. Aber ich kaufe gleich für eine Familie ein, Sie haben zwei Äpfel und ein Brot unterm Arm, und da steht nicht Mutter-Hund-Parkplatz, oder?‹ Ich habe geschäumt vor Wut, und das fand ich nur richtig. Und dann hat die noch gesagt: ›Ick sag Ihnen ma was: So unausgeglichen, wie Sie sind, wird aus dem Kind eh nischt!‹ Theresa hat zu dem Zeitpunkt geheult, allerdings aus Trotz, weil sie nicht so weit laufen wollte. Und ich bin fast explodiert:

›Wenn man keine Ahnung hat, wie das mit der Kindererziehung geht, dann fragt man am besten die, die keine Kinder haben. Die wissen das. Dass der Hund vor Stress Flatulenzen hat, ist bestimmt ein Zeichen Ihrer inneren Ruhe.‹«

Hanne schüttelt nur den Kopf: »Also, Anna, das hätte ich mal alles dezent übergangen. Diese Aufregung. Du solltest deine innere Mitte finden. Damit wirst du keine achtzig.«

»Vielleicht nicht. Oder gerade doch«, grinse ich und parke vor unserem Biomarkt. Und während wir einkaufen und Theresa nach ihrem Trotzanfall begeistert ihren kleinen Zwergeneinkaufswagen schiebt, überlege ich, was es mit der inneren Mitte auf sich hat. Ist das nicht alles Bullshit? Ich kann mich an Momente erinnern, in denen ich vor Glück fast zersprungen wäre, mich so zufrieden, zentriert und angekommen gefühlt habe wie nie zuvor. Aber wie sagte Ilse, die Mutter meiner Tante Ingrid aus Kanada, immer: »Das Leben ist wie ein Meer. Die Wellen kommen, und dann gehen sie wieder zurück.«

Blöderweise gilt das auch für alles Gute. Ein Wellenschlag. Plötzlich dreht sich alles. Du verlierst. Beim Poker. Deinen Job. Einen lieben Menschen. Schwapp. Du bist ganz oben. Dein neuer Job ist noch besser als der alte. Du verliebst dich. Du heiratest. Du wirst Mutter. Schwapp. Dein Chef will dich nur auf der Besetzungscouch sehen oder gar nicht. Dein Mann legt seine Assistentin flach und du den Gärtner. Dein Kind sagt: »Du nervst nur noch!« Schwapp. Du machst dich selbstständig, und alle buchen dich. Der Gärtner auch, und ist bald flotter Gatte Nummer zwei. Dein Kind findet den »voll cool«, und alles ist gut. Das sind jetzt nur Beispiele, aber so schnell kann's gehen. Leben ist ja kein Facebook-Status. Wie soll man denn da in sich ruhen, wenn man so mit leben beschäftigt ist? Ich denke, man kann in einem gewissen Lebensabschnitt in sich ruhen. In einer Phase. In den 20ern, ohne große Verantwortung. Als Karrierist auf dem Höhepunkt seines Tuns. Nach dem Abi, bevor es mit der Uni losgeht, frisch verheiratet, nach den ersten drei Monaten mit einem Neugeborenen. Aber wer sitzt am Bett seiner sterbenden Mutter und ruht in sich? Wer sitzt am Tag seiner Scheidung im Gericht und fühlt sich in seiner Mitte? Wer ist zentriert, wenn der miese Redaktionsleiter einen »superplanbaren« Halbjahresvertrag anbietet? Wenn eine kinderlose Frau, dir, einer zufriedenen Mutter, mit breitem Grinsen ins Gesicht sagt: »Du hast ja bei deinen Geburten gekniffen mit deinen Kaiserschnitten!«? Manchmal bleibt einem einfach die Spucke weg. Rechts wie links, da wird es auch in der Mitte eng.

Ich bin ja generell sowieso dafür, seine Persönlichkeit nicht zu persönlich zu nehmen. Sind doch alles nur Momentaufnahmen meines Ichs in Lebensphasen. Was mich mit 18 nicht juckt, kann mich mit 48 zur Weißglut treiben – völlig normal. Was ich damit meine? Weiß ich doch nicht! Fragen Sie mich in zehn Jahren noch mal! Vielleicht Beziehungsansichten, knirschende Knie oder ein Kind mit plötzlicher Tattoo-Vorliebe. Diese sagenumwobene Mitte ist etwas für Menschen, denen noch nichts widerfahren ist. Die sich mit Yoga und Duftkerzen betäuben, ihr inneres Kind umarmen und ihr höheres Selbst in 750 Euro teuren Online-Kursen aus dem Meer der Erkenntnisse fischen. Das sollen sie auch ruhig machen. Ich freue mich über jeden, der sich selbst aus den Löchern des Lebens zieht und dann im Regen tanzt. Und wenn er glaubt, sein äquatoriales Antikrisengebiet gefunden zu haben und dort bis zum Altersheim und beginnenden Damenbart verweilen zu dürfen. Gibt ja auch diese Theorie des Schmetterlingseffekts. Wer kennt sie nicht? Sprich: Wenn ein Schmetterling seine Flügel bewegt, kann der dadurch entstandene Luftwirbel einen größeren anstoßen, der wieder einen noch größeren und so geht es immer weiter. Am Ende kann der kleine Falter vielleicht in Rio sitzen und im bayerischen Kumhausen einen Tornado auslösen. So weit, so gut. Wenn also alle diese in sich ruhenden Leute kleine Flügelschläge der Freundlichkeit aussenden und am Ende Liebe in der Luft liegt, habe ich wirklich nichts dagegen. Ich finde nur, ich bin auch ein Geschenk für die Welt, wenn ich mal nicht ausgeglichen bin. Und wenn man alle Hundemutti-Schmetterlinge gewähren lässt, ist man vielleicht total peacig in seiner inneren Mitte, kriegt dafür aber nie wieder einen Parkplatz. Dann lieber Kante statt Mitte. Oder?

Heute nicht: nach vorne blicken

Die Geisterstunde senkt sich über die Autobahn, es ist schweinekalt, und ich bin zwischen Lastern eingeklemmt und denke: Du hast momentan einfach kein Glück, sobald du dich ins Auto setzt. Zum Glück ist der Unfall unmittelbar vor mir passiert, ich bin also nicht involviert, sondern sitze nur fest. Allerdings ist meine Blase voll, der Tank leer, andersherum wäre besser, und das Auto hat schon bemerkt: Sie sind müde. Ich rufe Sascha an. Alle anderen schlafen ja um diese Zeit, aber auf Sascha ist Verlass. Meistens hängt er um diese Zeit an einer Dame oder einer Zigarette oder einem Glas Wein. Gerne auch alles zusammen und in umgekehrter Reihenfolge.
»Lust auf Beplauderung?«
»Ja, ich hocke zwischen zwei Lkws, noch mindestens eine Stunde.«
»Das ist ja nicht so günstig, ma chère. Weißt du noch, wie ich

dich Anfang zwanzig immer im Targa von Friede Springer nach Hause gefahren habe?«

»Ja, und mir haben die Augen getränt, weil du so viel geraucht hast, dass ich dachte, ich überlebe die Fahrt nicht. Bei hundertzwanzig Stundenkilometern.«

»So langsam war das gar nicht«, stellt Sascha entrüstet fest.

»Weißt du, was verrückt ist?«, lache ich. »Könnte ich jetzt mit meinem jüngeren Ich Kontakt aufnehmen, ich würde ihm sagen: Entspann dich, es kommt alles so, wie es soll. Du wirst alle deine Ziele erreichen, und wenn nicht, dann kommen andere. Dann war es nichts für dich. Und jetzt sitze ich hier und denke: Hätte man mir mein Leben damals als Trailer zusammengeschnitten, ich wäre aufgesprungen und hätte laut: ›Ja, nehm ich, lass uns mal die Zeit vorspulen!‹ gerufen. Stattdessen habe ich mich überehrgeizig totgearbeitet. Ist doch bekloppt! Meine Freundin Kim würde sagen: Manchmal sollte man sich statt Sorgen lieber Nudeln machen.«

»Absolut. Oder ein paar Jahrgangssardinen öffnen. Weißt du noch, als du meine Praktikantin warst und wir mit Dieter und Naddl im Wollenberg gedreht haben?«

»Ja, was für eine Zeit.«

Es gibt diese Momente, die alles verändern: Wenn du als Teenie deinen Schwarm triffst und er gerade im Begriff ist, Toilettenpapier zu kaufen. Wenn du als Erwachsene deinen alten Mathelehrer wiedertriffst, der immer sagte: »Lernt das mal lieber! Ihr werdet im Leben nicht immer und überall einen Taschenrechner dabeihaben!«, und man ihm retourkutschegrinsend das Smartphone unter die Nase halten möchte. Oder wenn du um Mitternacht auf der Autobahn festsitzt und jemanden anrufst, der dich schon ewig kennt. Oder zumindest seit Anfang zwanzig. Reicht ja. Der weiß, wer du mal warst und wer du jetzt bist. Und der, egal, wie erwachsen dich das

Leben prügelt, weiß, dass du immer noch da drin bist, auch wenn du irgendwann nur noch Suppe löffelst und allen mit deinem Rollator die Füße brichst.

Ich stelle fest: »Eigentlich ist die Verrücktheit nur in uns, das Draußen ist immer gleich.«

»Also, ich sag ja immer …«

»L'enfer, c'est les autres. Die Hölle, das sind die anderen. Ich weiß«, ende ich und fahre fort: »Aber eigentlich sind die anderen ja nur unsere Hölle, weil sie das Wichtigste für unsere eigene Erkenntnis von uns selbst sind.«

»Das Problem ist, dass der Mensch nicht ohne das Urteil der anderen kann. Außer mir natürlich«, stellt Sascha am anderen Telefon fest und zieht tief an seiner Gauloises.

»Dann muss man ja nur den Teufelskreis durchbrechen und sich Freunde wie dich suchen«, lache ich.

»Genau! Die dir sagen: Ma chère, du bist fabelhaft! Mit zwanzig, mit dreißig, mit siebenunddreißig. Und du hast dich entwickelt. Hey, du solltest über dieses Gespräch ein Kapitel schreiben.«

»Gute Idee.«

Plötzlich steht ein Mann vor meinem Auto und klopft an meine Fensterscheibe. Ein Lkw-Fahrer. »Das kann noch dauern. Mindestens noch eine halbe Stunde.«

»Oh, Gott, echt?« Mir wird ganz anders, und langsam meldet sich meine Blase auch wieder zu Wort. Der sind philosophische Diskurse und mein altes Ich vollkommen egal. Die will nur eins: Ballast loswerden. Außerdem tun mir die Beine und der Rücken langsam weh nach vier Stunden in gleicher Position. Draußen blinkt es nur in der Finsternis. Die vier Polizeiwagen, deren Martinshörner seit über einer Stunde in der Nacht tanzen. Ansonsten nur der entgegenrasende Verkehr, der das Auto immer wieder wackeln lässt. Hinter mir die Lichter der Lkw, spazierende Männer, nie Frauen.

»Als Mann ist das ja kein Problem. Hast du eine Flasche mit?«

»Schon. Ja. Aber ich habe ein anderes Problem: Ich bin kein Mann.«

»Dann, husch, mein Häschen, ab ins Gebüsch neben der Leitplanke. Und ruf mich jederzeit wieder an, wenn du nachts im Stau stehst, ja? Adieu!«

Was soll ich sagen? Nach unserer intellektuell durchtränkten Konversation nun der Gang in Flora und Fauna. Mehr Realität geht nicht. Und nachdem ich dies und meine Würde hinter mich gebracht habe, treffe ich auf einen Polizisten.

»Entschuldigung, wie lange dauert es denn noch? Ich würde ganz gerne heim.«

»Ich denke, um ein Uhr geht es weiter. Der Abschlepper fährt jetzt als Geisterfahrer auf die Autobahn, um den Lkw mitzunehmen, der das Baustellenschild mitgenommen hat. Bis dahin ist hier geschlossene Gesellschaft.«

»Danke. Treffender hätte ich das auch nicht formulieren können.«

Meine Familie und ich

Heute nicht: sofort reagieren

Es gibt ja diese Fragen im Leben, die schwer zu beantworten sind. Was war jetzt zuerst da: das Huhn oder das Ei? Schminke ich mich, oder lege ich einfach eine Million Filter drüber wie Kim Kardashian? War ich glücklicher, als ich die Tafel Schokolade aufgerissen habe oder nachdem ich das letzte Stück inhaliert habe? Eins weiß ich aber ganz sicher: Bin ich glücklich, kann ich die ganze Welt umarmen, sogar böse Rentner und Parkplatzdiebe. Ich begreife meine aufkommenden Stirnfalten als sexy Patina und mich selbst mit höchster Zufriedenheit als ein Unikat mit viel Persönlichkeit und ganz eigenem Stil.

Insofern haben ja alle etwas davon, wenn ich in mich investiere. Und damit meine ich nicht nur Spontankäufe wie die dritte Augencreme, die 15. Closed-Jeans oder das süße Armband letzte Woche, das jetzt in guter Gesellschaft bei den anderen im Schrank liegt. Nein, so oberflächlich ist dieses Buch nun wirklich nicht. Ich spreche von Verständnis, Güte, Rücksichtnahme – mir gegenüber. Einfach mal loslassen. »Heute nicht, Freunde!« – das ist meine neue Botschaft. Die tausche ich gegen mein sonst Übliches »Ja, gib mir drei Sekunden. Kommt sofort!« und das Mit-der-Zunge-aus-dem-Mund-durch-den-Tag-Hetzen. Und das Gute ist: Der eine Vorsatz unterstützt den anderen. Denn wer öfter »Ja!« zu sich sagt, sagt angeblich auch häufiger »Nein!« zu anderen. Las ich neulich. Und finde, dass es stimmt!

»Mama, kommst du mal?«, ruft es jetzt aus dem Zimmer meiner großen Tochter. Karlotta ist jetzt acht, zweite Klasse, schweinecool und braucht immer alles ganz dringend.

»NEIN!« (Bitte so vorstellen: Voller Liebe, aber bestimmt.)

»Wie bitte?«

»Ich sagte NEIN.« (Nach einer kurzen unsicheren Pause, ob das jetzt gut ist, ob ich gerade eine Rabenmutter bin und rückwirkend das Urvertrauen zerstöre, kurz besinnend, dann wieder bestimmt.)

»Wieso?«, kommt es etwas perplex aus dem kuscheligen Kinderzimmer, dessen weißen Teppich ich vorhin noch in Rautenbewegungen gesaugt habe.

»Aus Prinzip, mein Schatz!«

PAUSE.

»Okayyyy …«

STILLE.

(Ich verharre gerade über der Tastatur wie Anna, als sie Elsas Eisblitz abbekommt, aber vertraue auf die Liebe, die mich auftauen wird.)

»Hab's selber hinbekommen!«, ertönt es aus dem Kinderzimmer.

Jetzt loben. Auch wenn ich gar nicht unbedingt sie meine. Sondern mich. Oder genauer: Uns beide.

»Toll! Siehst du? Geht auch mal ohne mich!«

»Ja. Und die Flecken von der Tintenpatrone im Teppich gehen bestimmt auch wieder raus.«

Heute nicht: sich dem Alltag fügen

Manchmal muss man einfach mal alles anders machen, denn das Leben ist ja nun mal jetzt. »Richtig, das hier ist kein Probeleben«, würde mein Freund Rainer aus Leipzig mit seiner sonoren *ARD*-Sprecherstimme jetzt sagen. Und wie oft man den Tag lang einfach nur abarbeitet, die Punkte auf den To-do-Listen durchstreicht, um wieder neue zu ergänzen. Um am Ende des Tages müde aufs Sofa zu sinken und zu sagen: »Jippie, heute habe ich alle Punkte abgehakt, aber die Liste ist schon wieder länger geworden, weil so viel hinzugekommen ist.«

Meine Freundin Emilia stellte neulich sogar fest: »Ich schlafe schon nicht mehr ein, weil ich die To-do-Liste im Kopf immer weiterschreibe. Dann stehe ich auf, aus Angst etwas zu vergessen, um die Liste in meinem Handy zu ergänzen. Wie ätzend ist das denn?«

Und genau das mache ich nicht mehr mit. Kenne ich nämlich selber nur zu gut. Ausgeschlossen die Rushhour vor Kindergeburtstagen, Familientreffen oder Weihnachten. Ansonsten mache ich einfach keine Listen mehr. Ich will den Tag leben. Ich will das Leben er-leben. Der Gedanke kam mir, als ich gestern mit Theresa auf der Schaukel unter unserem Baumhaus saß und der Wind durch die Zweige pfiff, ich einen ordentlichen Schwung nahm und mein kleiner Rumbuff laut »Yay!« rief. Das war, nachdem ich ihr erklärt hatte, dass wir jetzt aufhören und ins Haus gehen müssten. Da kam von ihr nämlich ein klares: »Nei!« (»Nein« mit »n« kann sie noch nicht, aber die Ansage war ja trotzdem klar.)

Und während ich überlegte, ob ich mich durchsetzen oder geschlagen geben sollte, fragte ich mich: Warum eigentlich nicht? Ist die Wäsche traurig, wenn sie noch etwas länger liegt? Heult wer, wenn wir um halb sieben statt um sechs Uhr essen? Sind die Kinder beleidigt, wenn ich nicht den Staub vom Sekretär gewischt habe? Fällt mein Producer tot um, wenn ich mich etwas später zurückmelde? Zum Glück nicht!

Warum verbringen wir unsere Tage also im To-do-Listen-Modus? Und wenn die Listen ohnehin nie kürzer werden, wann kommt der Tag, an dem wir fertig sind und endlich mal länger schaukeln? Bis dahin sitzen wir im Warteraum des Glücks und machen digitale Häkchen? Leben für die Liste. Und die einzigen Pausen sind: »Hol doch mal das Bilderbuch aus deinem Zimmer, das gucken wir gleich an.« Das Durchatmen, wenn die Liste mal nicht pressiert. Wie ein Inselaufenthalt im Strudel der Pflichten. Das ist doch bekloppt. Heute nicht. Auch wenn Kinder Routine brauchen und ich ein großer Freund fester Rituale bin – ein bisschen Abwechslung gehört auch dazu. Bin ja keine Listen-Leiche.

Ich beschließe, mit dem Nichtkochen anzufangen: Um 12:30 Uhr fahren Theresa und ich an Karlottas Schule vor.

»Mama, was macht ihr denn hier?«, fragt mich meine Große.

»Wir gehen heute lunchen! Nur wir Mädels! Spring rein!«

»Cool! Bei Luigi?«

»Ja, unser Tisch wartet schon.«

Und so sitzen wir eine halbe Stunde später über dampfender Luigi-Pizza. Unser Lieblingsitaliener, bei dem alles so frisch ist, als hätte er es selber gerade erst gesät und aus der Erde gezogen. Die Kinder strahlen, und ich freue mich, dass ich nicht koche, aufräume und abspüle. Wir können uns in Ruhe über die Lehrer, die Mitschüler und den Mathetest unterhalten, sogar Theresa sitzt ganz aufmerksam im Kinderstuhl und hört mit großen Augen zu. Denn heute ist alles anders: Mama ist nicht gestresst, war nicht vorher einkaufen und hat nicht mit ihr gekämpft, damit sie nicht aus dem Autositz oder dem Einkaufswagen springt, musste nicht immer wieder Hundefutter aus dem Wagen räumen und sich nicht blöd fühlen, weil vermutlich alle taub sind nach dem üblichen Wutanfall an der Kasse.

Heute frönen wir dir, Eskapismus! Den Alltag schicken wir zum Wellness, mit Eiswanne und Stromschlägen. Dann kommt er auch viel hübscher wieder. Warum macht man das eigentlich nicht viel öfter? Und da die Stimmung super ist, fahren wir spontan an die Ostsee. Das Meer ist glatt, und die letzten Spätsommersonnenstrahlen glitzern uns entgegen. Der Sand ist noch warm, und in der Luft liegt schon diese erste herbstliche Kühle, die mich immer fröhlich stimmt: Bald kommt sie wieder, die Strickjackenzeit. Dicke Maschen, Boots, ein Schal und dazu am besten immer ein warmer Kaffeebecher in der Hand. Bunte Blätter, Gummistiefeltage, Kuscheln auf dem Sofa. Man muss das Leben tanzen. Gilt für jede Jahreszeit.

Während ich einen Kaffee trinke, sammeln die Mädels Muscheln. Hin und wieder kommt ein »Mama, guck mal die!«, oder Theresa fiept etwas nach, das vermutlich das Gleiche heißen soll. Warum hat Realitätsflucht eigentlich so ein mieses Image? Und Disziplin, Stress, Hetze irgendwie immer ein gutes? Immer im Rhythmus bleiben, immer in Zeitnot. Immer dieser Staub auf dem Armaturenbrett, der einen im Alltag genauso verhöhnt wie die Frühstückskrümel unterm Tisch oder die Flusen in den Socken, die auch nach dem Waschen nie weniger werden. Verrückter Alltag. Rushhour des Lebens, eigentlich mag ich dich, aber hin und wieder nervst du. Dann muss man laut »Fingerclip! Spielstopp!« rufen und ausbrechen.

»Nur wie?«, jammerte neulich meine Freundin Annette, die schon wieder Kuchen für einen Elternnachmittag backte, parallel putzte und eigentlich auf Akquise war.

»Da ist gut Hamsterrad teuer! Vielleicht einfach mal etwas anders machen?«, war meine Antwort.

»Du hast gut reden! Sehe ich aus, als wäre ich aus Zeit ge-
macht? Und wer wäscht dann die Wäsche, zieht den nächsten
Kunden an Land und bastelt den Kindern Spinnen für
HWSU?«

Meine Freundin Freddy, Radiomoderatorin, zwei Kinder, hatte dafür ganz lebenspraktische Tipps: »Wir gehen Eis essen,
auch wenn das Abendbrot kurz bevorsteht, shoppen Haarspangen, weil es einfach Spaß macht, obwohl zu Hause Tau-
sende liegen, oder drehen im Auto die Mucke auf Anschlag
und spielen Disco – egal, ob die anderen gucken. Neuerdings
fahren wir immer öfter mit den Öffis, weil Fahrkarten kaufen
und Zugfahren so was von Urlaub und kleiner Flucht haben.«

Das Micro-Adventure meiner Freundin Susanne, Abteilungs-
leiterin in der Krisen-PR eines Transportunternehmens, sieht
dagegen ganz anders aus: »Hosenanzug aus, Jogginghose an,
Netflix, Nagellack, ich bin weg. Entweder knutsche ich dann
mit Chris Hemsworth oder jage Psychogangster. In jedem Fall
sind mir die ganzen Vorstandsdeppen mit ihren pimmeligen
Anliegen dann vollkommen egal.«

»Wie findet dein Mann das eigentlich?«

»Super, der zockt dann die halbe Nacht oder darf sich Filme
mit Angelina Jolie reinziehen.«

Meine Freundin Jenny, 42, Hautärztin, ständig in Sorge um
ihre drei durchgeknallten Söhne, hat auch eine Strategie: »Ich
lege die Füße hoch, trinke schnell zwei Gläser Rotwein, rauche
dazu ein, zwei Kippchen aus der Versteckschachtel im Buchs-
baum und sage mir, dass sich alles zurechtwächst. Haben meine Tanten auch immer gesagt. Nur sind die leider tot, und
Google weiß heutzutage alles besser, und deshalb macht man
sich im Rudel verrückt. Google ist schuld an den Helikop-
ter-Eltern, wenn du mich fragst. Unser ganzes Leben ist zu
kleinteilig, on- wie offline. Es gibt nichts Allgemeingültiges

mehr wie das Wetten dass ..?-Familien-Date am Samstagabend oder Erziehungsmethoden wie Hausarrest und Fernsehverbot. Also tue ich das einzig Vernünftige: Ich flüchte, gönne mir Pausen und murmele mein Tote-Tanten-Mantra: ›Wird schon alles für irgendwas gut sein.‹«

Man muss sie also nur finden, die kleinen Fluchten. Die hauseigene Filter-Bubble.

Heute nicht: sich dem Würgegriff der Schule ergeben

Ein leichter Wind kommt auf, kräuselt ein paar Wellen und schwappt sie an den Strand. Ich atme ein. Ich atme aus. Schiebe die Füße tiefer in den Sand. Und schaue diesen beiden kleinen Minimenschen zu, die oft vollkommen zeitlos leben. Zeit kennt Karlotta erst seit dem Kindergarten, wo wir immer die Letzten waren. Zum Glück hatten wir die beste Kindergärtnerin der Welt, Katja mit der Engelsgeduld. Sonst hätte sie uns bestimmt irgendwann rausgeschmissen, wenn wir um halb zehn eingetrudelt sind. Aber was soll ich sagen? Wenn die Mutter beim Fernsehen ist und keine festen Arbeitszeiten kennt, woher soll es dann die Tochter kennen?

Die Grundschule hat uns jetzt dagegen echt im Würgegriff. Leider gibt es keine Krav-Maga-Technik gegen den Schulstart um 7:30 Uhr, und meine Bemühungen, den ganzen Guten-Morgen-Irrsinn, also den Schulbeginn, offiziell auf 8:30 Uhr zu schieben, haben leider nicht gefruchtet. Dabei ist das Gehirn statistisch erwiesen ja erst um neun Uhr aufnahmefähig und alles davor grober Unfug alten Preußentums. Ich liebe es, nicht jeden Morgen in das gleiche Büro wanken zu müssen. Hätte ich es anders gewollt, würde ich vielleicht für eine Versicherung arbeiten und einen Schreibtisch mit Wackeldackeln und Kunstfingernägel in Einhornfarben haben.

»Sie besitzen eine Kurkarte?«, reißt mich ein Mann aus meinen Gedanken.

»Nein, ich lebe hier. Ich kure nicht, ich pausiere nur vom Alltag«, sage ich und lache.

Der Mann mir gegenüber nicht. Er sieht mich an, als hätte ich gegen seine Weltanschauung rebelliert, als wäre ich das Kleinkind, das sich an der Kasse auf den Boden schmeißt. Doch dann lächelt er: »Gut, dann läuten wir jetzt mal die Pausenglocke und fangen mit der Nachlösegebühr an.«

»Mama, warum machen wir es eigentlich nicht jeden Tag so? Einfach mal so aus der Zeit fallen?«, fragt Karlotta auf der Rückfahrt.

Theresa ist bereits eingenickt und hält dabei zwei große Muscheln fest in ihren kleinen Händchen.

»Gute Frage. Ich denke, dann wird's etwas eng mit Hausaufgaben und Mittagsschläfchen – und dann ist es auch nicht mehr so schön. Denn jeden Tag ohne Routine zu leben, ist nicht mehr spannend. Dann ist das ja wieder unser Alltag.«

»Stimmt auch wieder. Aber ich könnte bestimmt sechs Tage die Woche problemlos Pizza essen. Da würde ich mich disziplinieren.«

Heute: den Tag so leben, als wäre es der letzte.
Oder: Wer stirbt an ungebügelten Hemden?

Als die splitternden Fensterscheiben auf mich zufliegen, denke ich nichts. Es geht so schnell. Und doch könnte ich schwören, es passiert alles in Slow Motion. Es regnet dünne Hamburger Bindfäden, mein Mund füllt sich mit warmem Blut, und ich wundere mich, dass die Regentropfen so groß und irgendwie scharf aussehen. Und während mein Mann, unser Kleinkind und ich gerade in ein anderes Auto hineinfahren, wird mir erst verzögert klar, dass es die Fensterscheiben sind.

Der Typ, der eben noch mit uns an der Ampel stand, dann rechts neben uns fuhr, hat sich entschieden, einen spontanen U-Turn über drei Spuren hinzulegen. Und so bohren wir uns mit unserem Wagen in seine Beifahrertür, sein Fenster, seinen Kopf. Früher habe ich beim Anblick solcher Unfälle immer gedacht: Ja, seid ihr denn total bescheuert? Hier sind einfach nur zwei Spuren in die eine Richtung und zwei in die andere, eine Kreuzung voller Ampeln, wie kann man denn da einen Unfall bauen? Jetzt weiß ich es besser. Das Metall unseres Autos fräst sich in die Prollkarre, quetscht die Tür zu Brei, als wäre sie warme Butter. Kurz sehe ich uns von oben, Drohnenperspektive, der Regen fällt wie Eisenstäbe auf die Autos, die so eng stehen, so aneinanderkleben wie frisch Verliebte.

Ich schreie, dann höre ich Theresa hinten schreien, die gerade friedlich geschlafen hat. Und der Tag ist ein gänzlich anderer. Mein Mann springt aus dem Wagen wie ein unverwundbarer Hulk, was mich daran denken lässt, dass unser Freund Rainer ihn mal als »Maschine« betitelte, und schreit: »Bist du wahnsinnig? Du kannst doch hier nicht wenden, du Idiot!«

Ich will das eigentlich auch. Wo andere ein inneres Kind haben, habe ich ja auch gerne eine Furie sitzen. Doch ebendiese

Furie, die jedem immer eine Retourkutsche verpassen will, hat gerade keine Zeit. Die streichelt voller Sorge ein wimmerndes Kleinkind mit schreckgeweiteten Augen. Zum Glück mit Erfolg, denn Theresa beruhigt sich fix wieder und formuliert es auch gleich auf den Punkt: »Aupo-Mama-Bum!«

Mehr gibt es dazu nicht zu sagen. Mein Mann alias Hulk läuft schon herum und fotografiert die Sachlage, neben mir steht ein Sanitäter: »Kommen Sie bitte raus, nicht, dass der Airbag noch auslöst!« Ich denke: Ach, du lebst ja noch, und sogar in einem Stück, und steige aus. Den Schrotthaufen schaue ich mir gar nicht erst an, ich schaue nur wie bei einem Tennismatch von Sanitäter zu Sanitäter. Da stehen nämlich fünf, die überlegen, »ob die Frau ins Krankenhaus muss«. Das bin übrigens ich. Wir haben nämlich Glück im Unglück: Der Gegenverkehr, der uns eigentlich hätte rammen können, war ein leerer Krankenwagen, der gleich mal mit Warnblinker auf die Bremse ist.

»Wie geht es Ihnen?«

»Ich weiß nicht«, sage ich. Und: »Ganz okay, mein Nacken tut weh, aber das ist wohl normal nach dem Aufprall. Wo ist der Wahnsinnige?«

»Der hat eine massive Kopfverletzung, schon auf dem Weg ins Krankenhaus.«

Ich streichle Theresa über den Lockenkopf, die mich mit ihren klugen großen Augen anguckt und immer wieder sagt: »Mama-Aupo-Bum!«

Eigentlich wollte ich gleich zu Hause sein. Jenz hat mich von einem zweistündigen Zahnarzttermin mit viel Betäubung abgeholt.

»Trinken Sie nur Brühe die ersten Tage!«, hat die Helferin gesagt. »Und schonen Sie sich! Keine Aktivität, keine Aufregung, einfach mal Ruhe.«

Ich hatte mich auf Hühnerbrühe gefreut, auf »Pause«, auf das Vergessen der vielen Spritzen, der Nadelstiche durch den Kiefer.

»Wir nehmen Sie besser mit ins Krankenhaus, das Kind auch.« Jenz nickt mir zu. »Mach das, ich kümmere mich um die Polizei, das Abschleppen und den Ersatzwagen.«

Klingt sinnvoll. Und so sitze ich mit einer steifen Halskrause, die mir ein Prakti vollkommen falsch angelegt hat, im Einsatzfahrzeug. Nach zwei Kilometern Fahrt liege ich im Krankenhaus auf einer Liege mit einem Gerät am Ohr, das irgendwas messen soll, Theresa auf dem Schoß, die Bio-Pizzastangen aus meiner Tasche isst, und weine. Ich will meine Mutter anrufen, aber die lebt seit drei Jahren nicht mehr. Mein Vater geht nicht ans Telefon. Nach dem dritten Versuch schimpft er: »Mensch, ich sitze in einer Sitzung!«

Ich: »Ich hatte einen Unfall!«

»Bist du verletzt?«

»Nein, denke nicht.«

»Gut, dann ist ja alles in Ordnung. Wir sprechen später.« Mein Vater legt auf.

Eine dicke Schwester kommt rein, die bis eben kurz angebunden war und plötzlich mütterlich wird. »Alles okay?«

»Ja«, murmele ich und wische die Tränen weg. »Es ist ja alles gut gegangen. Aber dieser Aufprall steckt irgendwie in meinem Körper. Der Typ hat so plötzlich gewendet, ich dachte, ein Komet fällt uns auf den Kopf.«

»Verstehe!«, sagt die Schwester und tupft Blut von meinem Mundwinkel. »Lassen Sie es raus. Ihr Kind ist auf jeden Fall in Ordnung, so wie die reinhaut. Motorisch auch unauffällig. Wenn was ist, drücken Sie auf den Knopf.«

Weg ist sie. Mir wird übel, das Messgerät fällt von meinem Ohr ab, und in Panik, dass wir alles wiederholen müssen, drücke ich auf den Knopf. Niemand kommt. Stille. Nur irgendwelche Geräte piepsen. Ich bin allein mit meinem Kind hinter einer faltbaren Trennwand in einem Raum, der beiger nicht sein könnte. Der Regen prasselt auf ein Oberlicht, durch das kein Licht fällt. Eine ganze Spur nach links hat der Irre uns mitgenommen. Wir fuhren nur 40 km/h und einfach nur geradeaus. Sei dankbar, Anna. Doch mein Mantra ist schwach. Die Betäubung weicht aus dem Kiefer, die Zahn-OP drückt langsam wieder, der Schock trommelt auf mich ein, ich sehe die Scheiben wieder fliegen.

»Mama, ei!«, sagt Theresa und streichelt über meine nasse Wange. Ich will nur nach Hause, jammert das innere Kind, das die Furie endgültig abgehängt hat. Ich will ein Eispack, Hühnerbrühe, später Netflix, dazu meinen Kopf an der Schulter von Jenz. Theresa klettert auf mir hoch und lacht mich mit ihren kleinen ersten Zähnen an.

»Ich bin so froh, dass es dir gut geht! So froh!«, sage ich und drücke sie an mich.

Wie gut, dass ich heute Morgen meine Wimpern mit viel Mascara getuscht habe für ein bisschen Würde auf dem Zahnarztstuhl. Jetzt hängt sie mir unter den Augen wie bei Frankenstein. Ich habe vor dem Termin die ganze Bude geputzt, damit alles ordentlich ist und ich mich guten Gewissens zum Gebissheilen hinlegen kann. Habe rechtzeitig alle Termine eingetütet, die Wäsche wegewaschen, die Fenster gewienert und alles geregelt, falls ich nicht mehr sprechen kann. Wie eine fleißige Ameise. Und wofür? Um fast zu Matsch gefahren zu werden. Spitze. Nehme mir fest vor, in Zukunft auf gar keinen Fall Disziplin aufkommen zu lassen.

Eigentlich weiß ich es ja ohnehin besser. Nur passiert es leicht, dass das mit der Nichtdisziplin einreißt, und schon ist man wieder diejenige, die man sich einredet zu sein. Passiert noch leichter, wenn man an freien Tagen mit zwei Kindern zu Hause hockt und nicht unbedingt der Typ ist, der sich regelmäßig nackt auf den Boden in ein aufgeheiztes Schamanenzelt legt und der Erde dankt. Da kommt dann der Alltag mit seinem niedlichen Korsett, zeigt dir eine Nase und fragt: »Und wie sieht jetzt dein Beitrag zum Kuchenbasar aus? Und willst du da in der Knitterbluse hin? Und mit dem unabgedeckten Pigmentfleck?«

Neulich fragte Karlotta mich: »Mama, darf ich was naschen?« Und ich sagte: »Ja, komm, zur Feier des Tages!«

Und bekam zur Antwort: »Das sagst du in letzter Zeit immer!« Wie recht ich doch habe! Man sollte jeden Tag feiern wie den letzten. Sonst kommt so ein Party-Crasher aus Segeberg mit seinem Dodge Challenger und »SE-xy«-Kennzeichen und beendet deine Party, bevor sie überhaupt angefangen hat. Noch Stunden vor dem »I did it my way!«. Kurz muss ich an Franzis Freund Christian denken, der in ihrem gemeinsamen Podcast einmal feststellte: »Mache heute nichts, was du auch morgen tun kannst, denn du könntest ja zwischendurch draufgehen. Und wer will schon beim Bügeln sterben?«

»Wir jedenfalls nicht, Theresa! Wir kosten jede Minute aus!«, sage ich laut, doch mein kleiner Toddler ist eingeschlafen. Leise atmet sie durch meine zerrissene Bluse in mein Dekolleté. Ich schließe die Augen, lege meinen Kopf an ihren und höre dem Regen zu.

Heute nicht: sich dem Kinderleistungsdruck beugen

»Irgendwie bin ich total gestresst.« Christina guckt mich mit Sorgenfalten auf der Stirn an und zieht ihren Mantel zu. »Wir haben einfach so einen vollen Terminkalender: Nachher fahre ich Peter-Alexander zum Chinesisch, dann gehe ich in der Zeit zur Maniküre, aber manchmal ist der Lack dann noch nicht trocken, dann muss er zur Zahnreinigung, und dann hat er noch Nachhilfe, und ich muss Wäscheberge bewältigen und kochen. Ich weiß gar nicht, wann ich atmen soll.«

»Ja, das ist viel«, nicke ich und gucke weiterhin auf die graue Schulfassade. Warten auf die Kinder auf dem Schulparkplatz. Noch Fragen? Bei mir ist es eine Ausnahme, weil es spontan passt, bei Christina ihr Leben. Ihr Sohn fährt nur Mama-Taxi.

»Und wenn du alles etwas entzerrst? Am Chinesisch-Tag keine weiteren Termine und am nächsten Tag nur Zahnarzt und Nachhilfe am nächsten?«

»Aber da ist ja Golf-Training, Schach und Ausdruckstanz.«

»Und irgendwas knicken? Vielleicht reichen ja Ausdruckstanz bei den Chinesen später im Vorstand und Chinesisch? Oder nur Chinesisch ohne Balletthöschen?«

Christina guckt mich an, als hätte ich vorgeschlagen, Peter-Alexander in seiner Freizeit bei *Bauer sucht Frau* hospitieren zu lassen, anstatt ihm mit zwölf eine Zukunft auf dem internationalen Arbeitsmarkt zu ermöglichen.

»Und wo soll das hinführen?«

»Na ja. In Richtung Spaß vielleicht.«

Christina guckt an mir vorbei und ergänzt dann nervös: »Anna, Theresa hat William-Vincent mit ihrer Schaufel gehauen.«

Und damit hat sie recht. Theresa und William-Vincent standen eben noch brav neben uns, um auf ihre großen Geschwister zu warten. Nur, dass Theresa momentan immer ihr Lieblingssandkistenaccessoire dabeihat.

»Na ja. Das war ihre Entscheidung«, lache ich.

Christina sieht das irgendwie anders. Das merkt man immer daran, dass sie die Oberlippen so aufeinanderpresst, dass ihre Zähne voller Lippenstift sind.

»Mama!«, ruft Karlotta und läuft in meine Arme.

Hinter ihr joggt Peter-Alexander heran, guckt seine Mutter an und fragt: »Mama, was ist jetzt schon wieder? Ich hab 'ne eins in Mathe, musst nicht die Zähne fletschen, bis die pink sind, Mann!« Er dreht sich um zu meiner großen Tochter und sagt: »Sie ei dschie-ann, Karlotta!« (»Tschüs, Karlotta!«)

Karlotta grinst und sagt: »Uoh bu schuoh dschong-uun!«

Christina sieht mich an, als hätte sie Tollwut: »Ach, aber selber zum Chinesisch gehen? Du willst die besten Chancen wohl nur für dein Kind, was?«, steigt wortlos ins Auto, und schon sind sie weg.

»Was hast du da eigentlich gesagt?«, frage ich Karlotta auf der Fahrt nach Hause.

»Das hieß: Ich spreche kein Chinesisch – hat mir P.-A. heute beigebracht, um seine Mutter zu ärgern.«

So weit ist es also schon, denke ich später, während meine zwei Kinder »stinkende Ratte« spielen. Die stinkende Ratte ist in diesem Fall ein Kuschel-Orang-Utan aus dem Zoo, den man nicht in der Hand behalten darf. Er muss immer wieder zurückgeworfen werden. Wer ihn behält, verliert. Und offenbar macht das Acht- wie Zweijährigen Riesenspaß. Aber zurück zum Thema: Die Peter-Alexanders dieser Welt hassen ihre Eislaufmuttis also mittlerweile schon so sehr, dass sie sich in den Pausen Denkzettel überlegen.

Wird P.-A. später tatsächlich sofort nach dem Abi Vorstand

und verdient fünf Millionen im Jahr, oder ist er mit 18 reif für die Klappe, bei dem Programm? Vielleicht verkraftet er den Timetable auch super und kauft seiner Mutter später ein neues Gesicht, ein paar Häuser und Jachten. Aber vielleicht lebt er auch als »Toter Ast« (so nennt man unverheiratete Männer Ü 30 in China) in Huaxi und schickt an Weihnachten nur noch Regenschirme, Birnen und Taschentücher, was dort kultur-phänomenologisch so viel heißt wie: »Unsere Beziehung ist angeknackst«, »Wir gehen getrennte Wege« und »Abschied für immer«. Und während ich all diese Bilder wie einen Film vor meinem geistigen Auge sehe, schiebt sich Markus Lanz als fleischgewordene Schiebeblende dazwischen und sagt mit dem Feingefühl einer Motorsäge: »Wir werden uns irgendwann wieder treffen, und dann sehen wir, ob das Leben gut zu dir war oder vielleicht nicht.«

Verrückt eigentlich, was wir unseren Kindern und uns so auf-bürden. Ich kann mich nicht erinnern, dass sich meine Mutter Sorgen gemacht hat, ob meine Grundschule auch gut genug sei. Ob mein Töpferkurs, ein kurzes Blockflötengastspiel oder die Trampolin-AG mich irgendwann unter die Bestverdiener katapultieren würden. Oder daran, dass sie ständig gestresst war. Allein das Wort »Stress« ist ja ziemlich inflationär unter-wegs, geht latent leicht über die Lippen, immer dienlich als Erklärung, Entschuldigung. Würde man einfach mal sagen: »Keinen Bock!« – was wäre da los? Stress ist okay, den kennen wir alle, da stecken wir alle tief drin, der ist nur was für tüch-tige Leute, superbusy, supergefragt. Stress ist gesellschaftlich genauso akzeptiert wie plötzlicher Genickbruch. Kannst du nix machen. (Stellen Sie sich hinter diesem Satz dieses Emoji mit den hochgezogenen Schultern vor, würde Karlotta jetzt sagen.) Warum wir das uns und unseren Kleinsten schon an-tun, ist eigentlich kaum zu erklären.

Oder wie mein »Lieblingserziehungsexperte« Erich Kästner es mal in seinem Gedicht »Spruch für die Silvesternacht« formulierte:

Man soll das Jahr nicht mit Programmen beladen wie ein krankes Pferd.
Wenn man es allzu sehr beschwert,
bricht es zu guter Letzt zusammen.
Je üppiger die Pläne blühen,
umso verzwickter wird die Tat.
Man nimmt sich vor, sich zu bemühen,
und schließlich hat man den Salat!
Es nützt nicht viel, sich rot zu schämen.
Es nützt nichts, und es schadet bloß, sich tausend Dinge vorzunehmen.
Lasst das Programm! Und bessert euch drauflos!

Seitdem mich diese Zeilen quasi neulich fanden, sehe ich nur noch kleine Lasttiere mit aufgeblähten Nüstern aus der Schule kommen. Und das Verrückte ist: Die Eltern sehnen sich genauso nach Freizeit wie die Kinder. Nur »ist das hier ja kein Probeleben«, wie mein Freund Rainer ja immer sagt. Im zweiten Leben dann mal Freizeit und Spaß einzuplanen, könnte zu spät sein!

Mein Handy piept, eine böse SMS von Christina: *Verstehe nicht, warum du einen auf Freizeit-Heilige machst und dann dein Kind heimlich selber zum Chinesisch schickst. Das ist ja so verlogen. Und genau durch solche Lügen entsteht ein Wettkampf unter unseren armen Zwergen, den keiner braucht. Schönen Abend noch!*

Ich bin etwas fassungslos. Überlege, ihr eine erklärende Nachricht zu schicken, um das gleich wieder zu verwerfen. Heute nicht. Käme ja einer Rechtfertigung gleich. Tippe: *Nǐ de zhōngwén bù xiàng yǐqián nàyàng! (Dein Chinesisch ist auch nicht das, was es mal war!)*

Lösche auch das wieder. Und schreibe: nichts. Einfach nichts. Und bin damit sehr zufrieden. Und schlage gedanklich ein mit Erich Kästner, der schmunzelt und murmelt: »Anna, Vernunft muss sich jeder selber erwerben, die Dummheit pflanzt sich quasi gratis fort.«

Heute nicht: älter werden

»Alter, sieht der geil aus!«, ruft Divine, vermutlich 17 und chronische *RTL*-Zuschauerin.

Und ihre Freundin Ayse japst: »Alter, wo ist mein Handy, ich muss dahin, man, sofort!«

Wo ich gelandet bin? Na, vor dem neuen Bachelor. Karlotta und ich stehen vor einer kleinen rot umkordelten Bühne mitten in einem großen Einkaufszentrum. Irgendwo von hinten kommt mein Kamerateam, dem ein paar Akkus fehlen. Eigentlich wollte ich nur kurz ein paar O-Töne holen, sie etwas Equipment für ihren Spielzeug-Pferdestall kaufen und wieder nach Hause fahren. Aber dann fand Karlotta: »So ein Selfie mit dem Bachelor kann ja nicht schaden.« Und so stehen wir inmitten von Frauen. Frauen. Frauen. Und verrückterweise gar nicht mal so jung. Vor uns stehen Mütter mit Spachtelmasse im Gesicht, die ihre Kinder ins Spieleparadies geschickt haben. Die sich nervös durch angeklipste Extensions streichen und zu ihren Freundinnen sagen: »Die Staffel war so emotional. Ich bin immer noch ganz fertig davon. Konnte alles so nachfühlen. Sag mal, sitzen meine Haare? Meinst du, er liebt sie? Ob die noch zusammen sind?«

Gott, sind die alle albern, denke ich. Und sehe mein Spiegelbild in einer Parfümerie-Glasscheibe an. Die Mode ist so sportlich geworden, dass Karlotta und ich uns fast ähneln: Wir tragen beide Skinny Jeans und Turnschuhe. Nur mein Mantel ist feminin geschnitten mit auffälligen Schultern. Meine Mutter war textil wesentlich erwachsener, denke ich. Ich trug als Kind viel pink, Oilily, bunte Farben. Meine Mutter Seidentücher, Blazer, Loafer. Nicht dass das nicht wieder in wäre, aber im Mama-Alltag ist der Look zumindest selten zu sehen. Irgendwann ist Erwachsensein aus der Mode gekommen. Älterwerden sowieso. Ich bin mit 17 wesentlich eleganter und schicker herumgelaufen als jemals danach. Wollte erwachsen wirken. Und fühlte mich auch so. Vermutlich habe ich mich nie wieder so erwachsen gefühlt wie damals. Vielleicht noch unmittelbar nach der Geburt meines ersten Kindes, aber frisch gebackene Mütter umgibt ja eh ein Zauber, von dem sie vor lauter Müdigkeit nichts mitbekommen.

Mein Freundeskreis ist sich, was das Älter- Schrägstrich Erwachsenwerden angeht, absolut uneinig: »Älterwerden ist ein Skandal, ein einziger Horror. Früher hatte ich nur Angst vor dem Tod, jetzt ist eine Angst vor der Zeit, die mir noch bleibt, dazugekommen«, erklärt mir Sascha. »Immerhin bin ich jetzt ungefähr so alt geworden, wie ich bereits seit Mitte dreißig aussehe.«

Während Johanna findet: »Alles gut. Das alles überrumpelt einen ja nicht, sondern es kommt ja schleichend, sodass man sich daran gewöhnen kann. Ich bin in mein Alter immer gut reingewachsen. Mit achtzehn konnte ich mir nicht vorstellen, am Wochenende nicht auszugehen – und heute kann ich mir nicht vorstellen, immer auszugehen. Und auf meine Falten komme ich echt gut klar. Etwas nervig finde ich meine vier grauen Haare, aber geht auch.«

Meine Cousine Britta wiederum hat den Satz in meinem Kopf geprägt: »Ich dachte, das Älterwerden würde langsam und geschmeidig passieren, aber es kommt über Nacht!«

Lars, dem die baldige 40 droht, fasst es so zusammen: «Ich habe nicht das Gefühl, dass ich altere. Ich finde, dass ich und alle aus meiner Umgebung in meinem Lieblingsalter zweiunddreißig/dreiunddreißig stecken geblieben sind. Auch du, Anna. Aber man kommt um die Erkenntnis nicht herum, dass man in der Erlebniswelt der eigenen Eltern angekommen ist. Wir sollten würdevoll reifer werden – man kann ja trotzdem toll aussehen!«

Offenbar altern wir alle, haben aber keine Ahnung davon. Gibt ja keine Betriebsanleitung. Und in einem Punkt sind sich dann doch alle wieder einig: Älterwerden ist vollkommen okay, da kannst du eh nichts gegen machen, Lebenserfahrung rockt ja auch, aber älter aussehen bitte nicht. Ein paar süße Lachgrübchen? Nehmen wir! Aber müde und erschöpft aussehen?

»Das Problem ist nur die Biomasse, die mit Sport bombardiert werden muss, um mit dem Lebensgefühl in Einklang zu bleiben«, wie Rainer, notorischer Walker, Cocooning-Fan und Jugendlichkeitsexperte, es neulich zusammenfasste.

Den »Glow« – so nennt man das ja seit einer Weile – wollen alle konservieren, und wenn das bedeutet, sich schleimige, teure Masken mit ausgestanzten Mund- und Augenschlitzen zu kaufen. Älter aussehen ist total out. Macht keiner mehr. Demi Moore nicht, Jennifer Aniston nicht, die Ferres hatte bei unserem letzten Interview schon gar keine Stirn mehr, und Iris Berben irgendwann später. Ist wie Telefonzellen aufsuchen oder sich leidenschaftlich zu Wurstwaren zu bekennen. Rudimentär. 40 ist das neue 30. 30 das neue 20. 20 ist wie 20. Da darf man so alt bleiben, wie man ist.

»Allein wenn man die Fältchen über der Lippe sieht und sich darin der Lippenstift verfängt!«, fluchte neulich meine sehr hübsche Freundin Freddy, was mir absolut neu war, weil ich die beim besten Willen nicht bei ihr sehen konnte. Wer ein bisschen herumspritzt wie Charlotte Würdig, findet sich plötzlich kurz vor dem Auge eines Riesenshitstorms wieder. Wer es nicht macht, bekommt so liebevolle, anerkennende Worte wie: »Na, die ist aber auch alt geworden.« Karlotta würde sagen: »Achselzuckender Smiley! Kannst nix richtig machen!«

Am Ende des Tages zählt wohl nur, wie man sich fühlt, denke ich. Und gehe mit Karlotta zu einem Mütter-Kaffeeklatsch – Kinder spielen, bitte. Dort sitzt Lederhosen-Mona, alleinerziehend, fast geschieden, und erzählt, sie fühle sich jünger denn je. Mit 39 wie 28. »Ich umgebe mich mit Jüngeren – das hilft. Mein neuer Freund geht noch zur Uni. Das Leben ist einfach anders. Niemand klebt am Sofa, der Bauch ist noch flach und die Leidenschaft in jedem Zimmer zu Hause. Und seine ›Bros‹ sagen alle, sie dachten, ich studiere noch. Wer kommt mit eine rauchen? Oder heute Abend zur Mediziner-Party?«

»Ach«, sagen die Mütter und schlagen die Beine über einander. Auf der Rückfahrt frage ich Karlotta: »Was denkst du, wie alt Mona ist?«

»Fünfundvierzig? Auf jeden Fall alt. Sogar älter als du, Mama. Wieso?«

Okay, vergesst das mit dem Fühlen.

»Warum machst du dir alle diese Gedanken?«, fragt mich meine Freundin Julia später am Telefon. »Wer nicht älter wird, muss früher sterben. So schaut's mal aus.«

»Stimmt«, sage ich. »Aber ich reflektiere gerne und beobachte. Berufskrankheit. Und manchmal lerne ich gerne von denen, die es besser machen. Oder freue mich daran, wenn ich etwas auf den Punkt gebracht habe. Schlimm?«

»Nein, klingt superweise.«

Wir lachen.

Zurück zum Bachelor. Der ist müde, blinzelt durch kleine Klüsen und kratzt sich den Hals. Ich übersetze: Wie lange dauert das hier noch? Alle umarmen den armen Kerl, machen ein, zwei, zehn Fotos, gehen, keiner fragt: »Und? Öde, so 'ne Einkaufszentrumtour?« Nur Karlotta plaudert ein bisschen (»Hast du als Kind auch mit Schleich gespielt?«) und posiert nach kurzem Small Talk und High five mit ihm auf der kleinen Bühne. Aber fragen Sie nicht, wie: Der Bachelor macht das Victory-Zeichen in die Linse und Karlotta hinter seinem Kopf Hasenohren. Die Frauen um mich herum halten den Atem an, ich lache.

»Und? Wie war das?«, frage ich auf dem Weg zur Eisdiele.

»Sehr lustig! Druckst du mir das Foto aus? Aber so aufregend war der jetzt auch nicht. Nett ist der – aber alt.«

Achselzuckender Smiley.

Heute nicht: sich beruhigen und die Patchwork-Nummer weglächeln

Es ist Karlottas neunter Geburtstag. Meine große Tochter ist tatsächlich neun Jahre alt. Sie geht jetzt schon in die dritte Klasse, schreibt Geschichten, die sie vor ihrer Klasse vorliest, streitet sich mit mir, weil sie immer das gleiche Glitzer-Pailletten-Longsleeve anziehen will, und singt englische Songs in Fantasiesprache nach, die sie für Englisch hält. Einziger Haken: Sie ist heute nicht da. Denn ihr Vater und ich sind kein Paar mehr. Hallo, Patchwork-Realität! Dieses Geburtstagswochenende fiel auf das von Papa. Das erste Mal. Und so sitzt Mama allein vor den Luftschlangen, der Wimpelkette, den Luftballons und vor einem übrig gebliebenen Muffin.

Karlotta ist in der Schule, wo sie von meinem Ex-Mann abgeholt wird. Mir blieb eine Stunde vor Schulbeginn mit Geschenkeaufreißen, Kerzenausblasen und fünfmal Stevie-Wonder-Hören. Dann Zähne putzen, anziehen, Zopf flechten und ab.

»Was ist das für ein Gerichtsbeschluss, der vorsieht, dass die Mutter am Geburtstag allein dasitzt?«, frage ich den Luftballon vor mir. Die Mutter, die neun Monate schwanger war, die die Kaiserschnittnarbe unter dem Bikini trägt, die jahrelang nachts aufgestanden ist, die die Kindergarteneingewöhnung und die Einschulung durchlitten hat? Männer sind zwischendurch immer mal abwesend, eine Mutter ist immer bei ihrem Kind, selbst wenn sie nicht da ist. Ich erinnere mich an erste getrennte Wochenenden, an denen ich regelmäßig nachts aufwachte und nach Karlotta suchte. Ferien, in denen ich Ehemann Nummer zwei im Halbschlaf nachts anwies, er solle gucken, wo Karlotta sei, in denen ich sogar schlafwandelte.

»Viel Spaß bei deiner Bowlingparty, mein Schatz!«, hatte ich Karlotta ins neunjährige Haar geflüstert und es auch so gemeint. Dass ihre Mama nun allein am Küchentisch sitzt und den Muffin nass weint, muss sie ja nicht wissen.

Ich denke an den Tag im November, an dem es ins Krankenhaus ging. Der Kaiserschnitt war nicht schlimm. Nur dass der zuständige Gynäkologe frisch von einer New Yorker Hochzeit kam, machte mir etwas Sorge. »Ich hoffe, Sie haben keinen zu heftigen Jetlag. Nicht, dass Sie mir dabei einschlafen!«, scherzte ich, als vor mir das Sichtschutztuch aufgebaut wurde. Und: »Haben Sie eigentlich schon angefangen? Die Betäubung wirkt, glaube ich, gar nicht.«

»Doch, doch!«, sagte der Professor. »Nein, ich glaube nicht, ich spüre meine Beine noch!«, erklärte ich.

Und der Arzt hielt ein lila Bündel hoch, das sofort krähte, und meinte nur: »Doch, sie wirkt ganz sicher.«

Ich lachte, und alle anderen anwesenden Ärzte und Geburtshelfer auch.

Hinter mir blubberte es, und ich sagte: »Na gut, da haben Sie recht. Was kochen Sie da eigentlich für ein Süppchen hinter mir?«

Die Anästhesistin lachte und erklärte: »Das ist nur der Sauerstoff!«

Mein Ex-Mann kam wieder mit dem Bündel Mensch in Tücher gewickelt, und zum ersten Mal sah ich Karlotta. Zartlila, frisch gebadet und ganz eingekuschelt. Ich spürte das Glück und gleichzeitig den Druck der Verantwortung. Für immer. Ich würde von jetzt an für immer Mama sein. Und nichts würde mehr sein, wie es war. »Hallo, Karlotta!«, sagte ich und konnte mir kaum vorstellen, dass sie gerade aus meinem Bauch gezogen worden war. Bis es ruckelte, der Arzt nähte nämlich gerade alles wieder zu.

In den nächsten Tagen lernte ich Windeln wechseln, dass Krankenschwestern in Lübeck böse waren und wie hilfreich ein Kohlwickel sein konnte. Und wie wunderbar ein Baby war. Selbst, wenn es einen die halbe Nacht ankotzte, weil wir nicht wussten, dass ein Bäuerchen ganz essenziell war.

Zwei Jahre später zogen Karlotta und ich aus. Ich war mit 31 eine alleinerziehende Mutter. Mal traurig, dass ich alleine war, mal happy, dass ich gegangen bin. Denn nur eine glückliche Mutter ist eine gute Mutter. Bis Geburtstag Nummer acht feierten wir ohne Papa – nur Nummer neun ist zufällig sein Wochenende geworden. Der letzte war eine wilde Party mit Mumienwickeln, Polonaise und Schnitzeljagd. Mit Tanz, knallenden Luftballons und Klopapier im ganzen Wohnzimmer.

Jetzt: Leere. Stille. Nichts. Die Luftschlangen sind schnell zusammengesammelt, das Geschenkpapier im Müll, die Wimpelkette wieder gefaltet im Schrank für nächstes Jahr. Kein Druck, eine tolle Party zu schmeißen, kein Stress mit der Organisation, kein Bauchweh vom Süßigkeitenmitessen. Ich vermisse mein Kind so, dass es wehtut. Dass die Kaiserschnittnarbe juckt. Dass die Tränen das Muffinpapier aufweichen. Wie kann man ein Kind von seiner Mutter trennen? An dem Tag, an dem sich die Mutter selbst immer etwas mitfeiert? Weil sie stolz auf sich ist. Weil sich der Geburtstag der eigenen Kinder immer wie Weihnachten anfühlt. So groß hat man's schon gekriegt. So großartig hat es sich entwickelt. Ein besseres Kind hätte man sich ja gar nicht wünschen können!

»Ist doch nicht so wild! Feier doch nach!«, meint mein Bruder via Facetime in Brooklyn.

»Das ist nicht das Gleiche!«, sage ich.

»Okay, die Sicht einer Frau, die das Kind zur Welt bringt, kann ich ja nicht nachvollziehen.« Stimmt. »Aber kannst du dich nicht beruhigen?«

»Nein. Will ich gar nicht. Es ist so unnatürlich, dass mir die Worte fehlen.«

Wir legen auf, und ich hasse die Gleichberechtigung. Die vor Gericht. Männer und Frauen sind gleichwertig, aber nicht gleich. Ich wurde an diesem Tag aufgeschnitten und wieder zugenäht. Und ihr Vater? Saß daneben und drehte sich dann von mir, unbeweglich und frisch operiert, mit dem Baby weg.

»Auf dich, mein Schatz!«, sagt die Mutter am Küchentisch, trinkt einen Schluck Kaffee und weint eine Kleenexbox leer.

Heute nicht: gesünder leben

Ich gebe es zu: Ich bin ein Ernährungsjunkie. Ein peinlicher Foodie, der rasend gern sein Futter fotografiert, weil es für mich Kunst ist. Ich lebe gern gesund, weil es mir guttut, und es macht mir Spaß, fit zu sein und auch so auszusehen. Einziger Haken: meine Familie. Mein Mann würde mit mir aus Liebe und Solidarität auch gedünstete Regenwürmer essen, aber dann sind da ja noch zwei kleine Monster. Und da Zweijährige in der Gegenwart von Neunjährigen grundsätzlich »Ich auch!« brüllen, wollen hier alle nur eins: Schokolade, Eierkuchen und Pizza.

Jetzt muss man dazu sagen, ich bin ein Fan von Hier-und-da-ein-bisschen, was Zuckerzeug angeht, denn alles andere führt geradewegs in die Radikalität. Und so ziemlich jede Mutter kennt ja diese Kinder, die nie fernsehen dürfen, nur mit Rohkost und handgenähten veganen Schuhen aufwachsen. Die dann als Teenies zu Super-Gamern werden und fortan ein Leben in Dunkelheit vor ihren Screens führen, als Grundnahrungsmittel nur Cola Light und Chips akzeptieren und ausschließlich billige Plastikklamotten an den Biokörper lassen. Damit uns das nicht passiert, erlaube ich Süßigkeiten. Geprüfte. Gerne mit Biosiegel. Außer an Kindergeburtstagen – da eskalieren wir, und es gibt auch das miese Zeug, das meine Drittklässlerin ohnehin aus der Schule kennt.

»Mama, was kochst du heute?« Karlotta schlendert in die Küche und guckt irritiert.

»Schon wieder was mit Gemüse und Reis?«

»Ja, wir woken heute!«, erkläre ich stolz. »Das wird so lecker.« Und schneide mir mit den extrascharfen japanischen Kochmessern meines Mannes in die Fingerkuppe.

»Toll«, sagt Karlotta tonlos. »Wann gibt es denn mal wieder konventionelle Tiefkühlpizza?«

»Wenn es zeitlich mal eng wird irgendwann – das ist ein Notessen, mein Hase!«, erkläre ich, lutschend, verarztend, weiterschnibbelnd.

»Aber das schmeckt wenigstens. Tiefkühlpizza ist Freiheit!« Und weg ist sie.

Das hat gesessen. Warum Salami mit Nitritpökelsalz jetzt Freiheit bedeutet, werde ich wohl nie verstehen. Es sei denn, mein Brokkoli ist wie Mathe oder Haarewaschen. Im Anschluss gibt es lange Gesichter bei Tisch, als hätte ich Gammelhai, Frosch-Smoothie und Madenkäse aus dem Disgusting Food Museum Malmö serviert. Und ich sehe mich, wie ich liebevoll im Bioladen jede Zwiebel einzeln umgedreht habe! Die Paprika in Streifen geschnitten, den Wirsing gepellt und gebadet habe. Das Hähnchenbrustfilet von glücklichen Hühnern in Soja, Zwiebeln, Ingwer und Knoblauch gebettet habe. Ach ja, ich bin kein Jamie Oliver an der Küchenfront, der das Messer ein paarmal auf und ab schwingt, und fünf Möhren fallen dominoartig geschnitten in die Pfanne. Ich bin da eher noch so Bauer-sucht-Frau-Niveau: Ich weiß, was ich auf dem Herd haben will, aber es zurechtstutzen dauert und wird des Öfteren unpraktisch angegangen. Dafür schmeckt's. Also, meinem Mann und mir.

Neulich habe ich wieder ein paar komplett zuckerfreie Tage durchgezogen. Vielleicht verjünge ich mich auch um zehn Jahre und ziehe es für immer durch, dachte ich. Schließlich macht heutzutage Zucker Falten, nicht die Zeit. Weiß ja jeder. Und wenn ich komplett sage, meine ich das auch so. Kein Würstchen mit den Kindern, kein Zucker im Kaffee, kein Betthupferl. Kein Agavendicksaft, kein Honig, kein Ahornsirup. Gekochte Mahlzeiten finden bei uns sowieso nur zuckerfrei statt. Selbst die Bitterschokolade, ohne die es eigentlich nicht geht, habe ich verbannt. Am Ende jedes Tages ging ich ins Bett und dachte: ja, durchgehalten. Mein Mann hatte allein mit seinem Nachmittagskaffee und unserem Lieblings-Mousse-au-Chocolate-Kuchen vom Biobäcker im Garten gesessen. Nach ein paar Tagen dachte ich: Er wird mich verlassen. Für eine Gleichaltrige mit schönem Kaffee-Kuchen-Falten-Gesicht. Und ich muss dann, optisch ja 27, mit Toy Boys auf Hip-Hop-Partys gehen und »War das episch für mich kesse Crossbitch!« sagen. Nein, danke. Also bin ich wieder in die Normalität zurückgekehrt. Mit gelegentlichen Pausen.

Grundsätzlich bin ich ja für Laster. Denn wer wären wir ohne? Die bringen doch auch etwas Würze in den Alltag. Manchmal sogar Leidenschaft. Ich war selbst mal das Laster eines Kollegen, sehr zum Ärger seiner jetzigen Frau. Aber nicht so, wie Sie jetzt denken. Ich bin für so was viel zu brav. Große Klappe auf der Bühne oder vor der Kamera, aber privat in verknallt extrem schüchtern. Es ist nie etwas gelaufen – nur die U-Bahnen an der »Hoheluft« in Hamburg, in die wir in entgegengesetzte Richtungen steigen wollten, fuhren irgendwie immer weg. Irgendwann fragte mein Freund und Ziehvater Michael nach meinem Kollegen-Schwarm nur noch so: »Was macht der U-Bahn-Steher«?« Aus uns wurde zwar nichts, aber ich denke gerne daran zurück. Ein ausgesprochen schönes Laster.

Karlotta ging es neulich ähnlich, als sie ihren zuckerfreien Schoko-Brownie ihrem Klassenkameraden Andreas überließ. Daraufhin rief ihr eifersüchtiger Banknachbar: »Ehepaar! Ehepaar!« Und Andreas, der schon in der ersten Klasse großartige Liebesbriefe geschrieben hatte, schäumte vor Wut. Und Karlotta erst! Wie peinlich! Um dann zu beschließen, was ihre Antwort in Zukunft sein würde: »Pass bloß auf, du Lappen, denn nächstes Mal bekommst du meinen Muffin!« Wann ihr die Idee für die Retourkutsche kam? Über meiner widerlichen WOK-Pfanne, natürlich.

Langer Rede kurzer Sinn: Nachdem mich allein das Aufräumen über eine Stunde gekostet hatte, ist für den nächsten Abend nach mehreren Telefonkonferenzen tatsächlich Pizza angesagt. Gegen mein schlechtes Gewissen vorweg ein Rohkostsalat. Mal davon abgesehen: Essen Ihre Kinder die Wildkräuter vom Feld und zapfen die Milch direkt aus dem Euter? Sie merken es: Der Foodie in mir ist etwas aufgebracht.

»Mama, du bist die Beste!«, freut sich Karlotta. Leuchtende Augen über den Tellern. Selbst die Salatschüsseln werden leer gegessen – für mich, die gute Mama, die das Plastik von der Tiefkühlware entfernt und aufs Backblech gelegt hat. Für morgen plane ich Algennudeln mit Parmesan – oder gedünstete Regenwürmer. Aber heute lasse ich mich lieben und feiern und habe frühen Hausfrauenfrieden.

Heute nicht: Kinder moralisch richtig erziehen

»Was machst du, wenn dir die anderen den Sandkuchen kaputt machen?«, fragt mein Mann unsere Kleinste.

Und die ruft ausgelassen und in die zweijährigen Händchen klatschend: »Schaufel ins Gesicht!«

»Jenz, was bringst du ihr denn da bei?«, frage ich aus dem Schlafzimmer kommend. »Das geht doch nicht.«

»Stimmt, Mama!«, sagt Karlotta, die gerade ihre Mathehefte zusammensammelt und meint: »Theresa, was machst du dann?«

»Blu'grä'sche!«

»Blutgrätsche?«

»Butgrätsche!« Karlotta ist stolz. »Oder soll sie eine von denen werden, die sich immer alle Sandkuchen zertreten lassen?«

Auch wieder wahr. Soll dein Kind das nette Kind werden, das am Ende alle hänseln, das keiner ernst nimmt? Mit dem keiner spielt? So was wie der Harry Potter unter der Treppe, bevor er von seinen Zauberkräften wusste? Ich fange an zu lesen: Moral wird einerseits natürlich von den Eltern geprägt. Andererseits glauben Forscher, dass die Moral, die in den Regionen des Stirnhirns, dem präfrontalen Cortex, sitzt, angeboren ist. Wir entscheiden also gar nicht, sondern unsere Gene? Kleine Kinder machen es intuitiv erst mal so wie Darwin: Sie vertrauen in den ersten Lebensjahren eher auf das »Recht des Stärkeren« – der bekommt die Schaufel. Moral und Gerechtigkeitsgefühl kommen erst viel später um die Ecke. Und dann manipulieren noch das Umfeld und das Bildungsniveau der Erzeuger das Moralempfinden des Kindes. Ach so, und was auch hilft, um den Moralkompass richtig zu justieren: Empathie. Alles klar.

Düster erinnere ich mich an einen Moment in meiner Kindergartenzeit, als mir zwei meiner Freundinnen tatsächlich den Outfit-Stoff für meine selbst gebastelte Luftballon-Zeitungsschleim-Hexe zerschnitten. Begründung einer der Attentäterinnen: »Das war mein Stoff, den habe ich mitgebracht.« Ich war vier Jahre alt, trug Affenschaukeln und fand es ganz schlimm. Und was habe ich gemacht? Nichts! Außer es nie zu vergessen. Ich habe nicht bei meiner Kindergärtnerin gepetzt, es nicht mal meiner Mutter erzählt.
Als ich 14 war, gingen meine Freundinnen und ich das erste Mal aus. Ins Abaco. Eine Kinderdisco, die sonntags von 14 bis 18 Uhr ihre dörflichen Pforten im Gewerbegebiet für ein pickliges Publikum mit weißen Handschuhen und Leuchtstäben öffnete. Ja, die 90er, Scooter und Techno generell waren gerade »derbe angesagt«. Besonderer Gag auf den drei Ebenen krachender Beats: den DJ zwischen den Tracks kleine Nachrich-

ten verlesen zu lassen. Und so stand ich da, mit aufwendig getuschten Wimpern, auf Klettwicklern getrockneter Mähne in cooler Levi's-Jeansweste und hörte: »Anna Funck ist heute auch das erste Mal dabei. Liebe Anna, offenbar ist es dir nicht zu blöde, hier alle Jungs anzuflirten. Wir finden dich voll daneben. Die Jungs sowieso. Und wir sind viele. Vielleicht mal lieber einen schnellen Abgang machen? Und: Kauf dir mal einen Wonderbra.« Was machte ich? Nichts. Ich schluckte – und lächelte weiter. Und die Jungs zurück. Gut, den DJ hätte ich auch schlecht verprügeln können. Zu Hause weinte ich drei Stunden lang, was in den kommenden Wochen ein Ritual wurde, und machte ansonsten einfach weiter.

Als dann zwei Jahre später von meinen Geschlechtsgenossinnen der Anna-Hass-Klub gegründet wurde und böse Briefe meiner »Freundinnen« vor meiner Haustür lagen, ich solle es doch endlich mal kapieren, die Jungs würden mich ja nun wirklich nicht mögen, obwohl komischerweise ständig welche vor der Tür standen, und ich würde nerven, machte ich – genau – nichts, weinte Mamas Pullover nass, verliebte mich ein halbes Jahr später in meinen ersten Freund und schwebte über alle hinweg.

Noch mal gut gegangen. Habe ich alles überlebt. Aber für meine beiden Mädels wünsche ich mir das alles nicht. Gut, das ist wohl das Drama einer jeden Mutter, dass sie den Kindern immer alles ersparen will. Wobei – Moment: Das will ich gar nicht unbedingt. Geht ja ohnehin nicht. Aber eine schöne Sandschaufel ins Gesicht oder eine lässige Blutgrätsche hätte der einen oder anderen Wegbegleiterin auch in den 90ern schon gutgetan.

Ich finde ja prinzipiell vieles, was französische Eltern machen, ganz gut. Ein bisschen Laisser-faire hat noch keiner deutschen Stechuhr geschadet. Insofern baue ich meinen Töchtern gerne einen »cadre« in Sachen Erziehung, sprich einen Rahmen, in dem sie sich bewegen können und in dem alles erlaubt ist. Beispiel? Außerhalb des Rahmens liegt: andere Kinder verpetzen, tote Ratten in den Ranzen legen oder Sandschaufel so lange ins Gesicht drücken, bis der Abdruck einem Branding ähnelt. Alles verboten. Innerhalb des Rahmens können die Kinder selber entscheiden. Etwa: Du lässt dir grundsätzlich nicht die Butter vom Brot nehmen, steh zu deiner Meinung und tue sie auch kund, stell dich schützend vor deinen Sandkuchen oder deine Freundinnen zur Rede, wenn sie dir das Messer im Rücken herumdrehen. Wie du es machst, bleibt dir überlassen, nur im Rahmen soll's bitte bleiben. In jedem Fall: Lass dich nicht kleinmachen. Oder erkenne – wozu ich ja nicht in der Lage war –, dass die Gehässigkeiten eigentlich stille Komplimente sind. Neid ist doch immer noch die ehrlichste Form der Anerkennung. Einziger Haken: Man kann das Leben ja nur nach vorne leben – kapieren tut man's ja oft erst in der Rückschau. Im biblischen Alter von 37 kann ich meine Teenagerzeit ganz anders einordnen. Und schmunzeln.

Am nächsten Tag bin ich zum Elterngespräch in der Grundschule. Karlotta macht die Schule meistens Spaß, und ich bin eigentlich nur hier, um ein bisschen Lob abzuholen, Extrainfos abzugreifen und nach dem Rechten zu sehen. Alles ist wie vor 30 Jahren: Es riecht nach Kreide, die kleinen Holzstühle knarzen, und ich freue mich, dass mein Kind so gut klarkommt. Das Gespräch dauert nicht lange.
Die Klassenlehrerin ist zufrieden und sagt noch im Aufstehen: »Ja, alles wunderbar: Karlotta macht super mit, ist sehr kreativ, sehr beliebt, allerdings auch ein bischen bossy …«
»Großartig. Darin werde ich sie weiterhin bestärken.«
»… was man auch mal etwas bremsen könnte, deshalb nur die

Zwei im Betragen …«, murmelt Frau Müller noch im Aufstehen, aber da ist Blutgrätschen-Mutti schon halb sowie fest entschlossen zur Tür raus.

Heute nicht: ein schlechtes Muttergewissen haben

»Wann hast du ein schlechtes Gewissen, so als Mutter?«, frage ich meine Freundin Julia. Julia hat einen Sohn, Jax, 3, und einen Hund, Pete, 5, womit sie ja heutzutage als Zweifachmama gilt.

»Wenn Jax zu lange aufs Tablet guckt, oder wenn er mir Bilder und Basteleien aus dem Kindergarten mitbringt und ich gleich überlege, wie ich das unauffällig entsorge … und neulich, als er das Hundefutter mit der Wurmkur gegessen hat. Und du?«

»Frag mich lieber, wann ich keins habe: Wenn die beiden schlafen. Ansonsten: Wenn ich arbeite, wenn ich nicht spiele, wenn ich nicht beide Kinder mit der nötigen Ruhe und Kuscheleinheit ins Bett bringen kann, wenn ich nicht frisch koche, wenn sie zu spät ins Bett gehen, wenn ich schimpfe, und das in laut, weil die Nacht wieder zu kurz war …«

»Kaffee?«, fragt Julia mit diesem Ich-versteh-dich-Blick.

Man könnte ja meinen, wir Mütter brächten nicht nur das Kind zur Welt, sondern auch das schlechte Gewissen. Keine Ahnung, wo das herkommt, es ist einfach nur kontraproduktiv und absolut unbrauchbar. Französische Mütter kennen das angeblich gar nicht. Die machen es so: Sie sehen es als Teil ihrer Erziehung an, ihrem Kind zu vermitteln, dass sie auch ein Mensch sind. Mit Bedürfnissen. Darauf würden die meisten meiner Freundinnen gar nicht kommen. Die würden sich total rabenmutterig vorkommen. Quasi kurz vor KiKa als Babysitter einsetzen und permanent Apfelschorle für die Zahngesundheit anbieten.

Ein paar Stunden später, ich sitze vor meinem Laptop, steht Theresa vor mir, bewaffnet mit zwei Playmobil-Figuren: »Bielen! Mama, bielen!«, lautet die Forderung. Mit ernstem Blick.

»Nein, mein Schatz, ich spiele jetzt nicht mit dir. Mama muss noch etwas fertig schreiben. Und dann habe ich Zeit.«

»Nein, Mama, bielen.« Sie drückt mir eine Figur in die Hand, hält ihre in Blickrichtung meiner und sagt: »Halloo!«

Kurz überlege ich, ein schlechtes Gewissen auflodern zu lassen, weil sie die zeigefingergroßen Figuren ja theoretisch verschlucken könnte unter drei Jahren, entscheide mich dann aber dagegen. Für Kleinkinder mit großen Schwestern gelten ohnehin andere Regeln.

»Theresa, Mama muss das hier erst fertig machen. Später. Mama muss noch etwas arbeiten.«

»Okay. Mama arbeiten. Bäter bielen, oder?«

»Genau!«, sage ich. Und bin verblüfft.

Theresa ist sehr vehement, wenn sie etwas will. Aber offenbar habe ich den Verhandlungs-biel-raum unterschätzt. Zugegeben, unterm Tisch sitzt nun ein Rudel Playmobil-Männchen, das nur auf mich wartet und einen gewissen Druck ausübt, aber dem kann ich eine Weile standhalten. Warum machen wir Frauen uns nur so fertig? Oder kennen Sie einen Mann mit schlechtem Gewissen? Ich nicht. Die sind tiefenentspannt. Die können mit dem Nachwuchs in platzender Windel Fußball in der bösen Glotze schauen, auf dem Sofa einschlafen oder das abendliche Zähneputzen ausfallen lassen. Ich würde mich quälen: Das Kind kann die schnellen Bildwechsel nicht verarbeiten und alle Synapsen inklusive Gehirnentwicklung leiden. Wenn ich einnicke, fällt das Kind vielleicht vom Sofa und hat ein Loch im Kopf, und ich würde nicht mal aufwachen. Und bald säße ich bestimmt heulend beim Zahnarzt, weil ich das Bohren in den kleinen Zähnen nicht ertragen könnte, was ja nur meine Schuld wäre. Wegen einmal Zähneputzen ausfallen lassen! Welch Kopfkino. Ab sofort ist damit Schluss. In Sachen Kindererziehung sollten wir uns echt mal was von den Männern abschauen.

»So, Theresa, wollen wir spielen?« Inzwischen ist es verdächtig still geworden. Theresa hat sich einen kleinen Spiel-Laptop unter den Tisch gezogen und drückt auf den Tasten herum.

»Nee, Mama, Esa aabeiten. Bäter. Okay?«

Was soll ich sagen? Das Kind hat zu tun. Falls mich wer sucht – ich liege gewissenlos auf dem Sofa.

Meine Freunde und Bekannten und ich

Heute nicht: Saschas »Coole-Sau-Gen« hinterfragen

Es ist einer diese Frühlingstage, die wie eine Verheißung in der Luft hängen: Die Sonne zeigt sich das erste Mal so richtig, die Vögel sind plötzlich aus dem Süden zurück und zwitschern, was das Zeug hält, und alle Individualisten posten auf Instagram Kirschbäume. Hashtag #spring. Mein Freund Sascha und ich sitzen vor seinem Stadthaus, er mit Löffelkaviar auf Toast und ich mit einer Apfelessig-Limo, und sinnieren. Sascha hält nichts von Selbstoptimierung (»Wofür? Will ich hundert werden?«), trinkt vier Tüten Milch am Tag, raucht und spielt gerne das Enfant terrible. Segler, Siegelringträger, Porschefahrer, nur bitte keinen neuen. Und er hegt und pflegt seine Vorurteile: Veganer sind für ihn die Narren der Neuzeit, denen er gerne allesamt Glöckchen auf die Turnschuhe nähen lassen würde. Natürlich nicht höchstpersönlich, denn er würde seine Zeit nie verschwenden.

»Schließlich stehe ich dir ja heute mit meiner Geistesdiarrhö zur Verfügung, mein Täubchen«, erklärt er lächelnd.

»Gut, dann kannst du mir ja helfen, ein Fazit zu ziehen. Wie tappt man nicht in die Falle, ein Depp zu werden, der sich vergisst und sich nur noch an anderer Leute Regeln und Konventionen hält?«, frage ich und ziehe eine Braue hoch.

»Ganz einfach: Gegen alle Regeln leben. Mache ich, seit ich sechzehn bin. Später ist es zu spät. Und man sollte seine Aufgaben kennen. Putzen gehört bei mir nicht dazu. Das delegiere ich. Ich mache Kunst – mit meinen Filmen. Ich selbstverwirkliche mich in jedem.«

»Machst du eigentlich Sport?«

»Hast du schon mal einen Adeligen in Trainingssachen gesehen? Oder in Schwimmhose?«

»Nein.«

»Anna, als coole Sau wird man geboren. Es gibt das ›Coole-Sau-Gen‹. Das hat man oder nicht. Meine Freundin Isolde hat es nicht. Die dachte, die kann sich den Stock aus dem Arsch mit Extensions rausziehen. Hat aber nicht geklappt. Und nach zwei Jahren ist sie wieder die graue Maus, die sie immer war.«

»Das ist jetzt etwas desillusionierend«, stelle ich fest. »Und ich?«

»Du warst schon immer shiny. Glamour geht mit Bildung, Auftreten und Erziehung einher.«

»Vraiment? Da habe ich also Glück gehabt!«, sage ich schmunzelnd und beiße ihm spontan eine Ecke Toast ohne Fischleichen weg.

»Ja, erkennt man in Millisekunden. Ich bin auch lieber kinskiesk, als mir zu überlegen, was andere über mich denken.«

»Das ist mir als Mutter etwas abhandengekommen, muss ich gestehen«, murmele ich und denke an meinen letzten Kuchenbasar.

»Ja, zu viel Mikrokosmus. Reisen hilft dagegen. Abstand von Spießern, Liegeradfahrern und Lehrern. Oder einen neuen Porsche mit Rostfolie fahren – ab morgen bist du ein neuer Mensch. Nicht weil du es bist, sondern weil dein Umfeld dich anders wahrnimmt.«

»Würdest du sagen, du hast deine innere Mitte gefunden?«, will ich noch wissen.

»Ja, zwischen Alkohol, Ekstase, Kater, meinem Patenkind und Astra-Bier. Aber nach Ruhe sehne ich mich trotzdem. Manchmal fühle ich mich wie ein Igel, den man auf der Landstraße überfahren hat. Aber – wer nicht?«

Jetzt muss ich lachen. Am Ende stehen wir uns doch nur selbst im Weg. Und ob wir das »Coole-Sau-Gen« geerbt haben oder nicht, ist doch eigentlich wumpe, wenn wir es nur selber glauben. Ich küsse Sascha rechts und links und bin dann mal shiny im Frühling unterwegs.

Heute nicht: sinnlosen Small Talk führen

Jeder kennt sie: Diese eine Kollegin / Mutter / Bekannte, mit der man plötzlich dasteht. Vor der Schranke des Redaktionsparkplatzes / in der Schule vorm Elterngespräch / bei einer Freundin beim Kindergeburtstag. Sprich: Du bist festgetackert mit ihr und kommst da erst mal nicht weg. Und es ist nicht so, dass du sie nicht magst, nein, sie stört eigentlich nicht. Aber irgendwie hat sie es auch nicht in den Freundinnenolymp geschafft. Ist irgendwann ja auch mal geschlossene Gesellschaft dort, da man ja gar nicht so viele Menschen bespielen kann zwischen Laptop, »Mama, Durst!«, »Kommst du mal?«, »Hilfe!« und Trocknerwäsche. Aber jetzt steht ihr zwei da nun mal wie die Pingus auf der schmelzenden Eisscholle und – es muss gesprochen werden. Die Scholle ist in dem Fall der Postschalter und eine Frau, die dahinter so arbeitet wie die Faultiere in Zoo Mania. »Sie wü-hü-n-schschsch-eeeeeennnnn?«

»Wie geht es euch denn so?«, geht es los.

Meine Schollennachbarin heißt übrigens Arielle. Nein, nicht lachen, wirklich. Und ich finde, der Name passt sehr gut zu ihr. Sie hat manchmal etwas von einer zuckersüßen singenden Makrele. Bin nur nicht so fischaffin. Und ich überlege, was ich nun machen soll.

»Super. Und euch? Schule läuft, Buch auch, demnächst moderiere ich ein paar Galas, blabla«, wäre eine Möglichkeit. Aber will ich das? Die andere: nichts sagen. Telefonat, E-Mails, dringende Termine vortäuschen, aber mit dem Vortäuschen habe ich es nicht so.

Und so entscheide ich mich direkt fürs Eintauchen. Hoffentlich bereue ich das nicht. Schließlich neigen Meerjungfrauen dazu, ihre Opfer mit sich in die Untiefen zu ziehen und zu ertränken. Und der Zufall ist ja mitunter ein launiger Sadist, wie ich neulich las. Aber das Faultier hinterm Schalter diskutiert ernsthaft über die Noch-Brief-oder-schon-Päckchen-Nummer. Es ist also noch viel Zeit totzuschlagen, wenn ich heute noch Post nach Kanada und meine Rechnungen losschicken will.

Jetzt also kein Small Talk. Vielleicht ihr etwas wie Reinhold Beckmann auf die Pelle rücken, verwegen zwinkern, leicht über die imaginäre Brille schauen und fragen: »Was geht in dir vor? Wovon träumst du nachts? Und was tust du, wenn die Kinder aus dem Haus und der Gatte zur Arbeit ist?« Das ist echte Nähe, echtes Interesse.

Tatsächlich raune ich ihr zu: »Wenn das Faultier jetzt jede Postsendung diskutiert, schlafe ich gleich ein. Dann kann mich nur noch Kaffee retten.«

Arielle lacht und streicht sich durch das lange Haar. Ich hätte schwören können, mit einer Gabel, aber das sind wohl Schollen-Halluzinationen. Und sagt: »Weißt du was, lass uns einen

Kaffee holen und noch mal wiederkommen. Meine Kinder lassen mich auch nie durchschlafen. Und dann wollte ich dich sowieso noch etwas zu deinen Ernährungstipps aus deinem letzten Buch fragen …«

Und plötzlich ist die Scholle geschmolzen. Arielle und ich schwimmen lachend zum Coffeeshop, und ich stelle fest, sie hat einen fabelhaften Humor. Meine Antwort war wohl ein Eisbrecher. Sie erzählt, dass ihr Mann überall seine Socken herumliegen lasse und sie immer zusammen auf dem Sofa einschlafen würden und die Kinder das Beste und das Schlimmste seien, was sie sich je angeschafft hätten. Wir reden und reden. Irgendwann über Hausaufgaben, die ewigen Wäscheberge und schließlich Trumps Ehetipps. (Jeder sollte ein eigenes Bad haben – bei ihm hat die Unkenntnis von Melanias Verdauungsvorgängen die Liebe am Leben erhalten. Denkt man ja nicht unbedingt. Ich dachte immer, da war nie welche.)

Sie merken es schon: Dies ist ein Plädoyer für echte Gespräche. Wenn, machen Sie es richtig und tauchen Sie tief ein in die Welt Ihres Gegenübers. Macht einfach mehr Spaß. Oder fanden Sie je, den großen Zeh in den Pool zu halten, war besser als der verbotene Sprung vom Beckenrand? Wir reden also immer noch. Bis uns einfällt: Mist, da war ja was. Die Post. Die verwelkt ja schon in der Handtasche. Und dann liegt sie da oder in der Mittelkonsole und setzt irgendwann Schimmel an. Und jedes Mal denkt man: Heute bringe ich dich zur Post. Und dann: Ach. Heute nicht.

Als wir am Postschalter ankommen, hängt das Faultier gerade in Slow Motion ein Schild auf: »Bin gleich wieder da.« Übersetzt: »Kommmmmmeeee eeeeerst innnnnn fünfffff Stunden wiiiiiieeeedeeeer.«

Heute nicht: im Wettbewerb stehen

»Also, wir überlegen, uns ein Boot zuzulegen.«

»Wir ein Wochenendhaus. Eventuell noch ein Kind. Vier ist das neue drei. Und ihr, Anna? «

»Wenn der Abend so weitergeht, einige Promille!«, lache ich. Cunradus Vallentin und seine Frau Eleonore haben zur Hauseinweihung »An der Hirschwiese« eingeladen. Und irgendwie sind gefühlt nur gealterte Verbindungsstudenten, sprich »alte Herren« mit Gattin, anwesend, was heißt: Gattin schaut schweigend mit Perlohrringen aus dem gestärkten Blusenkragen oder ist Teil einer selten öden Frauenrunde.

Jenz, der sich gerade die Bibliothek und die gekachelten Kaminecken zeigen lässt, zieht eine Augenbraue hoch, als wollte er mir sagen: Wo hast du mich denn schon wieder hingeschleppt? Ich zucke nur mit den Schultern und grinse. Mit Cunradus hatten wir zu Studentenzeiten die besten Abende im China Club in Hamburg – bis Eleonore kam.

»Die heirate ich nie. Da kann sie lange drauf warten!«, erklärte uns Cunradus eines Abends bei Johanna über einer Pizza Hawaii plus Alsterwasser. Bis Kind eins kam. Da mussten wir dann doch zur großen Schlosshochzeit im Schmetterlingsgarten am Tegernsee anreisen.

»Und wenn's nicht hält, haben wir immerhin gut gefeiert!«, murmelte der Bräutigam.

Eleonore hatte derweil die Hochzeit ihres Lebens. Inzwischen gibt's neben Kind eins noch Kind zwei und drei. Gutman-Erasmus, 5, Auguste-Elisabeth, 4, und Max-Wilbalt, 2, sind auch verdammt ordentlich geraten. Alles gut. Bei allen sitzt der Seitenscheitel. Und Cunradus ein sehr verliebter Vater. Selbst Eleonore hat mal ein »Nenn mich Eli!« rausgewürgt. Nur ihre Freunde sind immer noch schwere Kost. Wie Gerlind und

Duretta. Beide tragen grundsätzlich Zopf oder Dutt, den Vichy-Karo-Blusen-Look und dazu eine gewisse Grundfrustration. Gefressen wie zehn Stück Schmierseife.

»Anna, was für Fernreisen habt ihr denn nächstes Jahr so geplant? Fliegt ihr wieder nach Montréal?«

»Noch gar nichts. Ich muss erst mal schauen, wie meine Lesetermine liegen.«

»Ah ja. Wo liest du denn? Lesen die Leute überhaupt noch?«

»Ja, Bücher, Schriftsätze, auch zwischen den Zeilen«, erklärt Johanna trocken und nippt an ihrem Wein. Und du, Duretta?«

Duretta mit Leidensgesicht: »Du, die Kinder halten mich in Schach. Ich wollte selbst mal ein Buch schreiben, die Idee steht, aber ich habe einfach keine Zeit dafür.«

Johanna rollt mit den Augen in meine Richtung. Ich grimassiere und sage: »Ja, ich hatte halt welche.«

»Neben deinen zwei Kindern und deinen Event-Moderationen.« Johanna lacht immer lauter und lässt sich auf ein steinhartes lindgrünes Sofa fallen. Kurz knackt nur das Feuer hinter der Scheibe im Kamin, und keiner sagt etwas.

Bis Duretta auf Johannas Armbanduhr deutet und fragt: »Ist das die Lady Datejust in Gelbgold mit der geriffelten Lünette?«

»Ja. Wieso?«

»Hat dein Mann die dir geschenkt?«

»Nein, ich mir selbst. Ist das verboten?«

»Meine Damen!« Durettas Mann Lehnhart steht in der Tür. »Da kann ich mir deine Rolex ja gleich mal ansehen. Duretta hat sich die nämlich echt verdient. Bald hast du die auch, Schatz.«

Und während Schatz nach dem ersten Luftschnappen sichtlich erfreut wirkt und der Göttergatte das Objekt der Begierde begutachtet, gehe ich Jenz suchen.

Der stellt nur fest: »Tolles Haus, schöner Schnitt, bekloppte Gäste. Benehmen sich alle wie im Mittelalter. Ein falsches Wort, und gleich wirft dir einer den Duellhandschuh vor die Füße. Wann gehen wir?«

Verliebt mustere ich meinen Mann, der immer noch aussieht, als würde er in Bayern leben: ein frischer Teint, ein gewinnendes Lächeln, ein gepflegter unaufdringlicher Männerhaarschnitt. (Fragen Sie mich nicht, warum, aber in Bayern sitzen die Haare bei Männern immer besser.) Verfallen bin ich ihm über einer Brez'n mit Obazda auf einer sächsischen Picknickdecke. Wir waren barfuß, uhr- und zeitlos. Keine Häuser, keine Aktien und kein Nachtschlaf. Dafür Energie ohne Ende und Pläne miteinander.

Wir stehen noch einen Moment auf der Dachterrasse über der Hirschwiese. Und tatsächlich laufen ein paar Bambis durch das Grün. Wann ist das Leben eigentlich ein Wettbewerb geworden? Und warum vergleichen wir uns alle ständig? Kurz muss ich an meinen Bruder denken. Der vergleicht sich nie mit anderen. Er lebt einfach sein Leben als Musiker in New York. »He sees no competion!«, hat mal eine Freundin unserer Mutter gesagt. Und wenn wir den sehen, warum laden wir ihn nicht positiv auf? Entscheiden uns für den Ansporn und nicht für den Neid? Wovor haben wir Angst?

Als mein Mann um meine Hand angehalten hatte und wir unsere Eheringe bei Cartier in Berlin aussuchten, saß ich vor dem ganzen Schmuck in den zerrissensten Jeans, die mein Kleiderschrank zu bieten hatte. Dazu Chucks. Und keiner fragte sich auch nur eine Sekunde, ob wir die Ringe auch bezahlen konnten. Im Gegenteil: Man scherzte und servierte uns Kaffee und viele Brillanten am Stück. Schließlich sagt ein Outfit nichts über den Kontostand aus. Okay, vielleicht hat mein Mann es auch wieder rausgerissen, der bayerische Klassiker.

Irgendwann kam dann der Moment, als es im Bekanntenkreis, wie man so schön sagt, anfing: Mein Haus. Mein Auto. Meine Uhr. Mein Gemächt? Braucht kein Mensch, diese Vergleiche. Johanna kommt die Treppen hoch: »Die K-Frage kam jetzt auch noch. Ich hab's in den Worten von Lagerfeld beantwortet: dass Kinder immer nur Stuss reden und ich selbst als Kind andere Kinder gehasst habe. Klein zu sein ist Zeitverschwendung. Man macht Kinder ja nicht, um Spaß zu haben. Dann kauft man sich besser einen Hund. Gehen wir?«

Mein Job und ich

Heute: den Prokrastinateur in dir feiern

Jetzt könnte man denken, Prokrastination, also Aufschieberitis, wäre etwas für Faule. Da kann ich nur sagen: Grober Irrtum! Denn Fakt ist, vor allem Perfektionisten schieben auf. Und das tun sie, weil sie es so perfekt machen wollen, dass sie gar nicht erst anfangen, sondern stattdessen eine Art Übersprungsverhalten an den Tag legen. Kennt der eine oder andere vielleicht noch aus dem Bio-Grundkurs. Da will das Huhn vor dem Fuchs wegrennen, ist aber so verwirrt, welche Richtung jetzt die beste ist, dass es anfängt, auf dem Boden herumzupicken. Ungefähr so wie verliebte Teenager oder frisch geschiedene Mitt-30er, die das erste Mal wieder flirten. Ja, dieses Verhalten kann verfänglich sein und im schlimmsten Fall zum Tode führen. In meinem Fall zum Glück noch nicht. Und im Zweifel muss man sich eben mal mit etwas nicht ganz Perfektem zufriedengeben und einfach anfangen. Sonst: Fuchs!
Alles klar? Diese These stammt übrigens nicht von mir, sondern von einem sehr intelligenten Philosophieprofessor und bekennenden Prokrastinateur, John Perry, der sich dem Phänomen des »strukturierten Liegenlassens« professionell angenommen hat, um sich dem Korrigieren seiner Seminararbeiten, dem Begutachten einer Dissertation und vermutlich dem Müllrunterbringen zu entziehen. Empirisch nachvollziehbar

und wasserdicht, das Ganze. Seine These in meinen Worten: Nur besonders intelligente und geistig durchdrungene Menschen schieben auf. Denn sie schieben »nach Plan« auf, eigentlich jonglieren sie permanent ein Aufgaben-Cluster im Kopf, mit verschiedenen Dringlichkeitsgraden, die sie alle perfekt meistern wollen. Und während sie die Aufgaben ganz oben auf der Liste eben nicht bearbeiten, leisten sie wertvolle Arbeit für die Gesellschaft, indem sie erst die anderen To-dos beackern. Deshalb sind Aufschieber eigentlich die heimlichen Macher. Denn sie machen alles, einfach alles – bis auf das, was sie aufschieben auf Platz Nummer ein. Einziger blöder Nebeneffekt: Sie leiden etwas darunter, aber das gehört dazu. So viel Intelligenz schafft nun mal Leidensdruck. Jetzt angefixt?
PS: Ich bin dann mal Kaffeetrinken statt Fensterputzen.

Heute nicht: fleißig sein

Wer klug ist, ist fleißig. Wer klüger ist, ist faul. Glauben Sie nicht? Tut mir leid. Ich habe recht. Denn das lebende Beispiel sitzt vor mir: Meine Freundin Johanna, nach eigener Aussage »eine stinkend faule Sau«. So ganz mag man ihr das nicht glauben. Eins ist sich ganz sicher: Sie ist definitiv meine beruflich erfolgreichste Freundin, wie sie so dasitzt in ihren Closed-Jeans mit dem Samthaarreifen. Und widerlegt dabei jedes Klischee: Sie ist nie nett um des Nettseins willen (»Nein, danke, da fehlt mir auch die Kreativität!«), sie ist trotz Kometenkarriere mädchenhaft geblieben, scheut keine Rüschenbluse (»Seit dem letzten Coaching, bei dem sie mich vermännlichen wollten, bin ich spontan Feministin geworden, wenn man das so nennen

will!«) und donkert immer noch gerne eine Lulle (Gelegen-
heitszigarette) durch.

»Aber wenn du so faul bist, wie kannst du dann so erfolgreich
sein?«, will ich wissen.

»Na ja, Faulheit muss man sich leisten können. Das gilt ja
nicht nur für die Sachen, die ich im Internet bestelle und dann
vergesse zurückzuschicken, oder meine Wäsche, die ich nicht
zusammenlegen will.«

»Konkreter, bitte!«, lache ich. Und sage zur Kellnerin: »Zwei
Kaffee, bitte. Danke!« Und zu Johanna: »Also wenn Faulheit
mich so erfolgreich macht, dann lege ich mich sofort zu dir
aufs Sofa und zocke mit dir Super Mario. Aber so simpel kann
es nicht sein.«

»Ich kann dir das nicht erklären. Es klingt vermutlich unspek-
takulär. Ich bin tatsächlich faul. Manchmal sitze ich nur im
Büro herum und schreibe Nachrichten. Dann kommt ein Rie-
senberg Arbeit, und ich kriege eine Panikattacke, beruhige
mich und fange an abzuarbeiten, egal, wie lange es dauert. Ich
ziehe das dann durch – auch wenn es bedeutet, dass ich zwei
Monate nur noch drei Stunden pro Nacht schlafe. Idealerwei-
se ist es auch noch inhaltlich anspruchsvoll. Dann bin ich im
Flow. Aber bitte gib mir nicht zu wenig, dann funktioniert es
nicht.«

Ich bin fasziniert. Und fange sofort an zu recherchieren. Und
finde das alles plötzlich gar nicht mehr so widersprüchlich wie
anfangs. Johanna betreibt eigentlich nur Ressourcenmanage-
ment. Und das ist ziemlich clever. Microsoft-Gründer Bill Ga-
tes soll mal gesagt haben: »Ich würde immer eine faule Person
einstellen, um einen schwierigen Job zu machen. Denn faule
Menschen finden einen einfachen Weg, um die Sache zu erle-
digen.« Logisch! Faule suchen den effizientesten Weg, damit
sie schnell wieder vor Netflix sitzen können. Das gilt natürlich

nur, wenn eine gewisse Grundintelligenz zur Basisausstattung gehört.

So langsam ergeben Johannas Worte Sinn: »Zu 75 Prozent wäre ich nicht dort, wo ich heute bin, wenn ich nicht so faul gewesen wäre.« Manchmal schickt sie mir Fotos ihrer neuen Isabel-Marrant-Pumps oder Links für bekloppte Apps aus ihrem Kanzleibüro oder überlegt mit mir, was in ihren 20-jährigen Sekretärinnen mit den langen Krallen so vor sich geht. Sobald sich dann ein schöner Berg Arbeit türmt, legt sie los.

»Andere verzetteln sich mit Überflüssigem – ich nicht. Ich schreibe auch auf zwei Seiten, was ich zu sagen habe, nicht auf zehn.«

Ihre Klienten sind dabei so geheim, dass ich es immer erst aus der Presse erfahre. Andere würden vermutlich sterben vor Aufregung. Johanna nicht. Gelassenheit ist nämlich die kleine Schwester der Faulheit. »Ich ziehe aus der Anerkennung, dem spielerischen Kampf und dem Haifischbecken der Kanzlei Energie. Das macht mir Spaß. Ist das ein seelischer Abgrund?«

»Ich glaube nicht. Kämpfen kann auch wie ein Rausch sein. Vor allem, wenn sich das eigene Oberwasser abzeichnet. Das ist wie ein Sog. Wie Leidenschaft. Abenteuerurlaub vom Faulsein?«, analysiere ich.

Passt übrigens alles zu einer Studie der Florida Gulf Coast University: Demnach fanden die Forscher heraus, dass intelligente Menschen mehr Zeit mit dem Nichtstun verbringen. Grund: Sie brauchen Zeit für Tagträume, Selbstreflexion, das Visualisieren ihrer Wünsche oder für die Analyse komplizierter Sachverhalte.

Fragen Sie mal Glücksforscher und Harvard-Professor Shawn Achor. Der hat's auf den Punkt gebracht: »Die meisten Menschen gehen davon aus, dass sie durch harte Arbeit erfolgreich werden und durch den Erfolg glücklich. Dabei verhält es sich

genau umgekehrt: Wer weniger arbeitet, ist glücklicher, und wer glücklicher ist, wird automatisch erfolgreicher.«
Wer also faul und zufrieden wie Johanna ist, kann »härter« arbeiten, was dann ganz automatisch passiert, aber von ihr gar nicht unbedingt so empfunden wird. Hallo, Flow!
»Eigentlich bist du nicht faul – du bist nur ein super Ressourcenmanager!«, sage ich zu Johanna.
»Dann haben wir's ja. Gehen wir darauf einen Whiskey Sour trinken? Morgen bin ich faul.«

Heute nicht: Vorurteile hinnehmen

Als ich meinen Wagen rückwärts zwischen zwei Autos einparke und ein älteres Ehepaar neben mir stehen bleibt und anerkennend nickt, habe ich eine Vorahnung. Dieser Abend wird anders. Nicht, dass ich nicht auch sonst ganz gut hinterm Steuer wäre, aber rückwärts-links ist meine schwache Seite. Ich laufe in Richtung Seeschlösschen, das Hotel, in dem ich mit weiteren fünf Gästen aus Show, Musik und Politik zu einer Charity-Talkshow zugunsten von UNICEF eingeladen worden bin. Es geht ein leichter Wind, aber das Meer liegt glatt wie ein Spiegel vor mir. Frühling liegt in der Luft, und ich atme einmal tief ein, während ich auf meinen höchsten High Heels einen Karton Bücher in die Lobby balanciere.
Bin ich hier überhaupt richtig? Eigentlich war ich die letzten zehn Jahre immer die Moderatorin, die Gäste empfangen und interviewt hat, heute sitze ich auf der anderen Seite. In letzter Zeit ist das zwar immer häufiger der Fall, aber immer noch ungewohnt. Kurz muss ich an die Wassermelonenszene aus

Dirty Dancing denken und ob gleich Johnny Castle vor mir steht und fragt: »Was macht die denn hier?« Und ich würde stammeln: »Ich habe eine Bücherkiste getragen.«

Fünf Minuten später sitze ich plötzlich an einem Tisch mit einer Schauspielerin, einem Tenor und einem Sänger. Die Schauspielerin ist eine so bildschöne Frau, dass ich sie permanent anstarren muss, während sie sagt: »Mit fünfzig wird es schwieriger als Schauspielerin. Das hat auch neulich Katja Riemann gesagt. Die Rollen, die man angeboten bekommt, haben auch keine Namen mehr. Da steht dann nur noch ›Die Mutter‹.« – Gehört habe ich das schon einmal, aber wer so elegant und frisch aussieht, wie ich mir Iris Berben vorstelle, kommt es mir fast absurd vor, dass sie sich um so etwas Gedanken machen muss. Tut sie aber, und lernt außerdem mehrere Hundert Seiten Text die Woche, weil sie in zwei Serien mitspielt. »Ein Angebot, das ich nicht ablehnen konnte, wenn man schon Mitspracherecht bekommt und den Cast mit auswählt. Aber ich lerne ständig.«

»Wie macht sie das nur?«, frage ich ihren Mann.

»Sie lernt und lernt und lernt. Immer.«

Und der Otto-Normal-Zuschauer sieht die Schauspieler nur mit viel Make-up auf dem Schirm oder auf roten Teppichen und ahnt gar nicht, wie hart dieses Leben ist. Irgendwann bin ich dran und sitze vor etwa 300 Gästen auf einer Bühne mit Moderator Alexander Mazza, der genauso charmant wie gut vorbereitet ist. Sprich: Er weiß einfach alles. Eigentlich bin ich gestresste Kollegen im News-Tagesgeschäft gewöhnt, die häufig aus der Not heraus nur mit halben Infos losgehen müssen. Nicht so Herr Mazza. Er weiß, dass ich Apfelessig trinke, dass meine Kinder finden, dass Smoothies nach Müll schmecken, und zitiert später sogar eine Zeile aus meinem ersten Buch: »Sei schlau und halte dich an Wunder«. Ein Rat meiner Mutter. Parallel scherzt er mit den Gästen auf eine Weise, dass mit Sicherheit alle weiblichen Zuschauer schockverliebt nach Hause gehen und sich fragen, was da stattdessen auf ihrer Bettkante sitzt. Der Saal lacht und wird gar nicht müde, nur die Luft irgendwann dünn. »Moin!«, sagt Sänger Vincent Gross, der jetzt eine Hymne auf den Norden für den Ministerpräsidenten Daniel Günther singt, der lachend zwischen seinen Bodyguards an einem Tisch in der ersten Reihe sitzt.

Dabei ist er aber mindestens so locker drauf wie Gigi Hadid in durchsichtigen Radlerhosen. »Wie erklärst du deinen kleinen Kindern eigentlich deinen Job?«, fragt Alexander Mazza auf der Bühne, und der MP grinst und antwortet: »Ich sage ihnen einfach, ich bin der Chef von Schleswig-Holstein.« Da lacht sogar das LKA. Bis Tenor Silvio d'Anza singt. Da haben alle Gänsehaut.

Um zwei Uhr morgens – ich fasse es nicht – stehe ich immer noch an der Bar. Alexander Mazza isst ein Schinkenbrot und erzählt mir, dass er privat eher ein ruhiger Typ und gar keine Frontsau ist, und der Ministerpräsident Daniel Günther lädt mich nach drei Jahren Laufabstinenz spontan zum Joggen ein. Mit ihm, seinem Pressereferenten und dem halben LKA, »pünktlich um 7:30 Uhr! Wir haben dich gemustert und sind überzeugt, dass du doch heimlich Sport machst.«

Ich schaue erst auf die Uhr hinter der Bar, dann auf meine untrainierten Oberschenkel und lehne dankend ab.

Dann steht plötzlich eine Leserin vor mir: »Ich wollte Sie fragen, ob Sie mir eine Widmung in Ihr Buch schreiben?« Sie zieht mein erstes Buch aus der Tasche, meinen Trauerratgeber. Das mache ich natürlich, wir reden eine ganze Weile, und als ich etwas später in die Lobby komme, sitzt sie mit einer Freundin auf einem Sofa und weint.

»Ist alles in Ordnung?«, frage ich und setze mich dazu.

Und sie lächelt und sagt: »Ja, ich war nur so ergriffen, Sie hier zu treffen. Ich bin so froh, dass ich Sie angesprochen habe.«

Ich bin baff. Das zweite Mal Gänsehaut. Mein Melonenmoment. Ohne Johnny, aber mit viel mehr Herz. »Ich freue mich auch sehr, dass mein Buch Ihnen geholfen hat und Sie mir davon erzählt haben. Schön, dass Sie gekommen sind!«

Und so sitzen wir ganz still an diesem bunten Abend in der Lobby und reden. Über Liebe, Kummer und Verlust. Irgendwo rauscht draußen das Meer zart vor sich hin. Und so unterschiedlich die Themen des heutigen Abends sind, vereint uns doch alle eins: das Menschsein. Offen wie ein Buch sind wir gemeinsam in diesen Abend gegangen, vielleicht bleiben wir in Kontakt, vielleicht sehen wir uns schon morgen oder nie wieder, aber keiner kam mit Maske.

Am nächsten Morgen klingelt mein Telefon, während ich im Netz über den Abend lese, dass ich »seriös« und »gertenschlank« sei. Es ist eine Kollegin: »Und? Wie war dein Abend? Der Mazza ist auch nur schön, oder? Und der MP? Trocken? Der ist ja auch so ein typisch langweiliger Politiker. Warst bestimmt früh im Bett?«

Kurz steigt die Wut in mir hoch. Ich atme aus und ein und sage: »Es war verrückterweise ein sehr besonderer Abend! Im Bett war ich so um drei, glaube ich. Aber was wärst du bloß ohne deine Vorurteile? Einfach nur heiße Luft?«

Heute nicht: böse Frauen, echte Hexen und wahre Biester ertragen

Frauen sind ja meiner Erfahrung nach böse. Zumindest die meisten.

Anna Funck ist so taff und selbstbewusst, lebt privat aber offenbar in alten Mustern, lese ich in einer Buchrezension und frage mich, wie die Leserin, natürlich eine Frau, darauf kommt. Weil ich mich taff und selbstbewusst zu Hause um meine Kinder kümmere und dafür sorge, dass sie das ebenfalls werden? Mal davon abgesehen, dass ich auch von zu Hause arbeite und mein erstes Buch noch mit einem Säugling im Schoß im Krankenhaus fertig getippt habe.

Meine Freundin und Kollegin Kim kennt das auch: »Ich mache den Mund auf – und das wird mir immer um die Ohren gehauen. »Ich bin keine Püppi und ich werde auch keine mehr werden. Und ich lebe mein Leben so, wie ich will. Das kann auch bedeuten, dass ich mich beruflich zurücknehme, um mehr Zeit für die Kinder zu haben. Weil ich nicht die Frau bin, die beruflich pendelt und die Kinder ständig abgibt. Und das ist meine Form der Selbstbestimmung. Wer das nicht verstanden hat, hat halt Pech gehabt.«

Für solche Sätze könnte ich Kim einfach nur umarmen. Sie ist sehr konsequent darin, die übliche Erwartungshaltung an ihr abgleiten zu lassen wie Rührei in der Teflonpfanne. Seit zehn Jahren kennen wir uns nun schon, und ich habe sie noch nie hadern, jammern oder zweifeln gehört. Sicher wird sie auch ihre Grübelmomente haben, aber ihr Frausein ist wie ein Fels in der Brandung. Da kann's noch so tosen, Kim bleibt fest. Und wenn sie dafür eine Familienfeier sprengen muss.

Das Verrückte ist: Nimmst du dich zurück, ist es falsch, und machst du den Mund auf, ist es auch falsch. Warum nur gibt es so oft einen Konkurrenzkampf zwischen Frauen? Fremde Frauen mögen dich oft lieber, wenn du aussiehst wie ein Eimer und glücklich verheiratet bist. Oder mindestens eine Zahnfehlstellung und einen Silberblick hast. Mütter gegen Karrierefrauen, Veganer gegen Fleischfans, blond gegen brünett, alt gegen jung – ich mach da nicht mehr mit. Je länger ich eine Frau anschaue, desto schöner wird sie für mich, selbst wenn ich sie kaum kenne. Gilt übrigens auch für Männer, sogar für Lehrer oder weltfremde Menschen an der Kasse.

Ich bin auch der festen Überzeugung, dass man von jedem etwas lernen kann. Und wenn es nur ein Warnschuss ist, es demjenigen nicht nachzumachen. Ich denke da besonders gerne an meine ehemalige Kollegin Sibille zurück, die plötzlich meine Vorgesetzte wurde. Von einem Tag auf den anderen wurde Sibille ekelig.

An einem Montag stand sie an meinem Schreibtisch: »Anna, es ist 7:40 Uhr. Dienstbeginn ist 7:30 Uhr.« Am Dienstag stand sie wieder da. Man sah, dass mir die Zunge aus dem Mund hing, nachdem ich Karlotta – zu dem Zeitpunkt noch klein – regelrecht in den Kindergarten geschubst hatte, um mit Tränen in den Augen ins Funkhaus zu hetzen. Es ist leider 7:48 Uhr geworden. Karlottas Hausschuhe waren im Kindergarten einfach unauffindbar.

»Anna, du bist zu spät. Dienstbeginn ist 7:30 Uhr.« So ging es die ganze Woche.

Einmal war ich tatsächlich um 7:25 Uhr da – mit Bauchschmerzen nach der allmorgendlichen Hetze. Ich konnte es kaum erwarten, dass unsere gemeinsame Arbeitswoche endete. Ihr Sohn war 18 und verließ selbstständig das Haus. Vermutlich bald für immer, was ich gut nachvollziehen könnte. Oder ob die abends an seinem Bett stand und sagte: »Tobias, es ist 21:15

Uhr. Schlafbeginn ist 21 Uhr.« (Keine Ahnung übrigens, wie der arme Kerl heißt, aber ich fand Tobias ganz passend.)

Die nächsten Tage wurden immer anstrengender. Sibille saß in der Konferenz und maulte: »Ich habe Annas Beitrag nicht verstanden.« Oder: »Das war aber noch nicht gründlich herausgearbeitet für mich. Morgens hatten wir das anders besprochen.«

Zwei Wochen später musste ich zum Zahnarzt. Es passierte einfach so, unangekündigt: Schmerzen. Ich kam natürlich viel später.

Sibille patrouillierte schon: »Du weißt schon, dass ich heute Morgen Probleme hatte, deinen Reporterposten zu besetzen? Was hattest du denn genau?«

»Das tut mir leid. Ich hatte mir einen Teil der Füllung rausgebissen.«

»Meinst du, du hast morgen plötzlich wieder Zahnschmerzen? Damit ich das berücksichtigen kann in der Planung?« Der Blick dazu schmerzte fast mehr als mein Zahn heute Morgen.

Abends saß ich mit meinem Mann am Abendbrottisch, Karlotta schlief schon, und jammerte.

Jenz, selber Chef, wusste, was zu tun war: »Du musst ihr die Kante geben. Ganz klar. Die braucht das. Dann wird das wieder.«

Ich, beratungsresistent: »Oh, Gott, nein, dann ist alles ruiniert. Dann wird das doch nie wieder gut. Das ist eine Frau, Mensch!«

Ich konnte kaum schlafen und ging gerädert zur Arbeit.

Sibille saß schon auf meinem Schreibtisch. »Du hast auf die Uhr gesehen? Oder hat dein Zahn dich nicht rechtzeitig geweckt? Oder dein Kind geweint?«

Plötzlich war es ganz einfach. Ich war so klar wie wütend und sagte: »Hör auf!«

»Wie bitte? Womit?«, fragte mein Gegenüber und verschränkte die Arme.

»Mit deiner unsäglichen Art. Du bist frech und dein Verhalten deplatziert. Du mobbst mich, und das seit Wochen. Und ich habe jetzt genug davon. Also verschwinde jetzt, oder ich gehe zu unserem Chef und erzähle ihm meine Sicht der Dinge. Dann kannst du noch mal hinrennen und ihm etwas ganz anderes erzählen. Und dann sehen wir ja, wer am Ende am längeren Hebel sitzt!«

Habe ich das gesagt? Offenbar ja. Denn meine Kollegin, die ich sehr gerne mochte, hockte plötzlich unter ihrem Schreibtisch und »suchte« etwas.

Sibille funkelte mich aus kleinen Vogelaugen an, legte den Kopf schief und sagte: »Ich weiß überhaupt nicht, wovon du sprichst.«

Das steigerte meine Wut gleich noch mehr: »Spiel hier nicht die Ahnungslose, so ein Typ Frau bist du nicht. Du weißt genau, worum es geht. Und jetzt geh! Ich möchte dich nicht mehr sehen!«

Das tat sie tatsächlich – mit offenem Mund. Nebenan krabbelte jemand unter dem Schreibtisch hervor und guckte mich geschockt an: »Anna! Das kannst du doch nicht …«

»Ja«, unterbrach ich sie, »das dachte ich heute Morgen auch noch. Aber irgendwie ist das Maß voll.«

»Du weißt, dass sie zehn Jahre älter ist und fest angestellt? Und du frei? «

»Ja.«

Komischerweise war ich absolut ruhig. Kurz musste ich an eine Postkarte meiner Freundin Ulrike denken, die sie mir neulich geschickt hatte: *Wir sollten viel öfter einen Mutausbruch haben.* Das war dann wohl einer. Eine halbe Stunde später saß ein Häuflein Elend auf meinem Schreibtisch, als ich aus dem Musikarchiv kam.

Sibille mit Tränen in den Augen: »Ich wollte mich entschuldigen. Ich habe das wirklich nicht gemerkt.«

So ganz nahm ich ihr die Nummer nicht ab, aber ich bin auch nicht der Typ, der keinen Schlussstrich ziehen kann. Und sagte: »Es ist alles gesagt, und es ist alles okay für mich, wenn sich dein Verhalten ändert.«

Sibille kroch wie eine amorphe Masse von meinem Schreibtisch und hinterließ fast einen Film.

Vor der Maske traf ich wieder auf meine Kollegin, die mich angrinste: »Hätte ich mich nie getraut. Ich hoffe nur, es geht gut aus.«

Tage später stellte ich fest: Sibille und ich arbeiteten hervorragend miteinander, sie schob mir passende Aufträge rüber, wir konnten sogar zusammen lachen. Eins hatte ich gelernt: Mut wird belohnt. Und ich würde niemals wieder die Schale böser Frauen hinnehmen, die heimlich einen netten Kern in sich tragen.

»Was meinst du, was sich eine Barbara Schöneberger in ihren Instagram-Kommentaren durchlesen muss? ›Du wirst auch alt, Babsi!‹ Oder Komikerin Carolin Kebekus? Da schreiben Menschen, vor allem Frauen, in 350 von 400 Kommentaren über ihr ›Winkfleisch‹ an den Oberarmen«, erzählt mir Kim. »Unverschämt und frech. Es sind tatsächlich fast immer nur Frauen.«

Wie wäre es denn mal mit dem liebevollen Blick auf andere?, denke ich. Täte uns doch allen gut. Oder anders gefragt: Was wollt ihr denn jetzt? Die Frau, die Falten bekommt, kriegt ihr Fett weg mit »Wirst ja auch alt!« und die, die sich irgendwas spritzen lässt und dann keine Mimik mehr hat, bekommt ein »Die hat ja auch was machen lassen, schrecklich!« entgegengeschleudert. Die Frau, die den Mund aufmacht: Bitte nicht. Die, die erfolgreich ist: Bitte auch nicht. Da sagen die Kinder ja bestimmt irgendwann zur Nanny »Mama« und zur Mama: »Und wer sind Sie?« Und wenn ich selbstbestimmt und selbstständig zu Hause mit meinen Kindern Hausaufgaben mache und abends meine Kapitel schreibe, statt tagsüber in TV-Redaktionen zu hausen, lebe ich »in alten Mustern«. Da möchte man sich ganz entspannt an seinem Laptop zurücklehnen und sagen: »Lebt euer Leben doch alle so, wie ihr wollt. Vorausgesetzt, ihr züchtet dabei keine Egomanen oder Isis-Jünger heran. Und seid euch gewiss: So, wie ihr andere seht, so werdet ihr wahrgenommen. Ich glaube fest daran, dass der böse Blick sich in bösen Falten manifestiert. Don't forget Karma, my friends.

Anruf meiner Freundin Julia: »Die Kritik ist so witzig! Passt zwar nicht zu dir, aber miese PR ist auch PR!«

So kann man's auch sehen: Erst wenn keiner mehr lästert, bist du eine graue Maus! Dann kommen die bösen Frauen, streicheln dir über den Rücken und bemitleiden dich. Dann interessiert sich keiner mehr für Falten und Winkfleisch, dann bist du eine von ihnen. Da sitze ich doch lieber erfolgreich oberhalb der Schlangengrube neben »meinen alten Mustern« auf dem Sofa und mache, was ich will. Das kann dann jeder irgendwie finden, aber uns geht es dafür blendend.

Heute nicht: Steuererklärung machen

»Wie ist das bei dir so mit der Steuererklärung?«, frage ich Johanna über einem dampfenden Kaffee.

»Die macht P.!«

»Freiwillig?«

»Ja, ich lege ihm alles ungeöffnet hin, und er kümmert sich.«

»Macht er das gern?«

»Denke, es ist ihm egal.«

»Bekommt er dafür eine Belohnung?«

»Ja, jeden Tag etwas zu essen und frische Wäsche. Jeder hat eben seine Aufgaben, oder?«

So lässig machen das Anwaltspärchen. Im Prinzip ist das bei uns auch so. Nur, dass mein Mann neben der Liebe zu mir noch eine zweite hat: das Abheften! Er beschriftet gern, legt Ordner an, ist perfekt organisiert. Falls Sie mich jetzt bitten, die Vintage-Seidenschluppenbluse, die ich mir 2011 zugelegt habe, aus dem Schrank zu ziehen – kein Problem. Aber fragen Sie bitte nicht nach der ersten Abschlagszahlung für die Handwerkerrechnung von 2017, als der Eingangsbereich nur zur Hälfte gestrichen wurde, weil die Herren Maler irgendwann keinen Bock mehr hatten. Mein Mann hätte die in drei Minuten zur Hand.

Kurz: Jenz ist die Marie Kondo der Belege, und ich bin der Mensch gewordene »messy bun« von Meghan Markle.

Ich war auch so professionell, in unzählige Bühnenoutfits zu investieren, weil ich dachte, ich könnte die ja absetzen. Alles im Sinne der Steuererklärung. Als Gala-Moderatorin wirst du ja nicht gebucht, weil du im Hoody mit Basecape kommst, sondern eher als eng taillierte Ganzkörperpaillette. Sah das Finanzamt nur anders, schließlich kann man Gala-Outfits zu anderen privaten Gelegenheiten wieder tragen. Auf dem Spielplatz. Beim Einkaufen. Man könnte darin auch den Müll rausbringen und Frösche aus dem Krötenzaun heben und auf die andere Straßenseite tragen. Sprich: null absetzbar. Keine Berufskleidung.

Das Gala-Make-up wiederum kann ich absetzen. Dass ich das Gesicht noch anschließend in eine Bar geschleift habe und auch dort noch geschminkt etwas getrunken und geflirtet habe, war kein privater Mehrnutzen. Dass der Flirt auch noch in meinem Hotelbett landete, auch nicht. Okay, er hatte die gleiche Zimmerkarte und war mein Mann. Aber man stelle sich vor, ich hätte auf der bemalten Epidermis noch geschlafen und wäre am nächsten Morgen noch einmal geschminkt zum Hotelfrühstück gegangen! Sie merken schon, die Steuererklärung und ich, das ist nicht die große Liebe. Vor allem, wenn einen ein öffentlich-rechtlicher Sender teils frei, teils fest-frei beschäftigt hat und man auch noch als Selbstständige gebucht wurde. Das ist alles ein großes Chaos. Das ist wie ein bisschen verheiratet, manchmal verlobt, aber eigentlich Single. Kommt kein Mensch mit klar. Generell muss man ja sagen, dass Freiberufler aus dem künstlerischen Bereich vermutlich die schlimmsten Kandidaten für die Nummer sind.

Oder wie meine Freundin Freddy, Radiomoderatorin, es neulich ausdrückte: »In Sachen Beliebtheit wie eine Matheklausur, wenn Wahrscheinlichkeitsrechnung dran war.«

Oder meine Freundin Marijana, Maskenbildnerin: »Wir sind schließlich Kreative. Da sind so genaue Zahlen blöd. Schließlich sind wir Meister der Improvisation und des Schöndenkens – da wollen wir nix ehrlich Rationales sehen. Wird geschoben bis zur allerletzten Frist und dann auch nur mit Jammern, Meckern und Leiden ausgeführt.«

»Schatz, wo sind denn die ganzen Flugtickets und Übernachtungskosten?«, ruft Jenz durchs Haus.

»Alles abgeheftet!«

Ja, das war ich. Inzwischen hat mein Mann mich ausgetrickst und einen gekennzeichneten Familienordner ins Regal geschoben. Und ich hefte wirklich sofort ab.

»Ja, aber wo abgeheftet? Hast du denn die einzelnen Trenner nicht gesehen? Kosten, Einnahmen, Werbeausgaben?«, fragt mein Mann enttäuscht.

»Ach, da war so was? Sorry, ich muss los. Bin mit Sascha verabredet.«

Meine neue Strategie zum Thema Steuererklärung: Verlass das Haus. Lass den Mann fluchen. Komm mit irgendetwas Leckerem wieder. Sei es etwas Indisches, ein Mousse-au-Chocolat-Kuchen oder neue Unterwäsche. Irgendwas. Dann decken die Vorfreude und die Dankbarkeit die schlechte Laune zu wie frisch gewaschene Kinderbettwäsche. Ablenkungsmanöver, Sie verstehen?

Der Verkehr in Hamburg fließt so zäh, wie meine Beziehung zum Finanzamt innig ist. Wobei man sagen muss: Es gab Ausnahmen. Zum Beispiel erinnere mich an frühere Begegnungen mit dem Finanzamt zurück. Zum Beispiel an die Zeit, als ich mich frisch von Gatte Nummer eins getrennt hatte.

Ich war 31, frisch ausgezogene alleinerziehende Mutter und plötzlich in der Steuerklasse für Singles, die schön 50 Prozent abdrücken dürfen. Kind nicht vorhanden. Plötzlich war mein Konto immer ziemlich leer, obwohl ich viel arbeitete. Erst dachte ich, es sei meine Anwältin, die so teuer war, aber dann stellte sich raus, dass das Finanzamt so viel abbuchte. Als hätte ich mich von denen auch noch getrennt: die Hälfte von allem. Super, dachte ich, wenn mein Ex auch noch die Hälfte will, bleiben für mich und Kind dann der Rest. Also nichts.

Und so fuhr ich zum Finanzamt. Ich sah so aus, wie ich mich fühlte, alleinerziehend und verzweifelt. »Und bitte geh da nicht nach der Maske und im Studio-Outfit hin!«, sagte noch mein neuer Freund, der bald um meine Hand anhalten sollte. Also ging ich ungeschminkt, müde und traurig in ein ungeschminktes, müdes und trauriges Gebäude irgendwo in Dresden. Mein zuständiger Beamter war ein harter Knochen, so viel wusste ich schon. In zwei, drei Telefonaten hatte er mir bereits mehrfach erklärt, dass er meine Steuerklasse nicht einfach so ändern könne. Ob dies überhaupt ein Fehler sei, müsse erst geprüft werden, könne Wochen dauern. Seine Stimme klang bestimmt, ich vermutete ihn mit einem korrekten Schnorres im grauen Anzug hinter einem schweren Schreibtisch ohne Zimmerpflanzen. Typ Stromberg.

Ich sag nur: Büro ist Psychokrieg, und Karriere macht man im Bordell. Da will auch wirklich keiner etwas von Steuern wissen. Aber einer Frau, die gerade erst ihren ersten Brautstrauß nachts auf der Straße verbrannt hat und ein mühsam geflicktes Herz mit sich herumschleppt, kann man ja nicht auch noch den Fiskus vorbeischicken. Oder hatte ich ein Abo beim Teufel abgeschlossen? So viel Pech kann man ja nicht haben.

»Fräau Funck, ja, nu, isch wees och nie, wie Sie in de Steuerglasse hineingeschliddert sind. Aber isch versuche es mal zu dauschen!« Tatsächlich saß dort ein kleines zartes Kerlchen im Holzfällerhemd mit Zopf, Tchibo-Weste, Socken in Sandalen, beschämtem Lächeln, sehr nett und offen. »Wollen Se och eenen Gaffee? Und gönnen wir een Selfie für meen Muddi machen? Die guckt jeden Abend *Sachsenspiegel!*«

Und so wurde mir klar: Die im Finanzamt sind keine Unmenschen – die wollen nur Besuch. Innerhalb weniger Tage floss eine beachtliche Summe auf mein Konto zurück, und die Klasse wurde problemlos getauscht.

15 Minuten Feierabendverkehr später. Sascha sitzt in seinem lila Wohnzimmer inmitten von lauter Papieren.

»Was machst du denn da?«

»Steuererklärung vorsortieren. Was denn sonst? Es ist ein einziges Geschwür als freischaffender Künstler. Eine Zumutung. Damit ich das auch wirklich mache, habe ich alles ausgebreitet, aber motiviert mich auch nicht. Ständig gehe ich in die Küche,

rauche, esse und telefoniere. Aber jetzt bist du ja da. Ein viel
besserer Grund, den Mist sein zu lassen. Gehen wir was essen?«

Heute nicht: Selbstzweifel doof finden

Das Telefon meines Vaters klingelt.
Ich: »Papa, ich kann das nicht. Ich schmeiß alles hin. Ich lass
das mit dem Fernsehen. Ich mach was anderes!«
Mein Vater: »Nein, Anna, probier's doch mal, sonst ärgerst du
dich nachher, weil du nie herausgefunden hast, ob du es nicht
doch gekonnt hättest.«
Es ist der Abend vor meiner ersten Live-Schalte, und ich bin
komplett durch den Wind. Hatte nämlich beim Vorstellungs-
gespräch ein bisschen dick aufgetragen. Ganz nach dem Motto: »Gute Mädchen kommen in den Himmel und böse dürfen
live schalten.«
»Sie haben och Erföhrung mit Leiiifschaldn, Fräu Fung?«, hatte man mich nämlich in Dresden gefragt. Ich war 27 und wollte nur eins: alles. Und konnte nur nicken. Schließlich war das
meine einzige Wissenslücke. Da musste man auch mal drüber-
wegsehen. Sich wie ein Mädchen verkaufen? Nö. Heute nicht.
Männer können auch immer alles. Die setzen sich hin und
erzählen, dass sie in einer halben Stunden alle Tageszeitungen
inhalieren, »sähr englisch is ollmost bifor mawa tong« und sie
sowieso schon vor Jahren alles gemacht haben, was nötig ist für
den Job. Selbst wenn sie davon so viel Ahnung haben wie von
Golfrasenbeschaffenheit oder professioneller Teppichreini-
gung. Und so setzte ich mir selber ein persönliches winziges
Feminismus-Denkmal an diesem Tag.

Einziger Haken: Ich muss so überzeugend gewesen sein, dass mein Chef gleich beschloss: »Unsere neue Geheimwaffe Anna Funck schaltet am Sonnabend um 20:15 Uhr live zu Axel Bulthaupt.«

Und da wären wir wieder bei mir und meinem Vater: »Papa, ich glaube, meine Klappe war nur groß. Ich hab Bauchschmerzen, mir ist schlecht, ich werde nicht schlafen können, dann vergesse ich meinen Text und dann blamiere ich mich auf dem Schirm – nicht im Laientheater.«

»Ja. Das ist Lampenfieber. Das gehört dazu. Und wenn du es lässt, was ist dann? Und wenn es super läuft und es ist tatsächlich dein Traumjob? Du drehst gern, du interviewst gern, du moderierst gern. Nur live hast du noch nicht geschaltet. Du wirst das können. Dir fällt immer etwas ein.«

»Ja?« Wie ein Mäuschen sitzt mein 27-jähriges Ich zusammengekauert auf dem Hotelbett in einem Landgasthof irgendwo in Sachsen im Jahr 2007, in dem ein paar Hundert Mitarbeiter schlafen. Nebenbei gehen ständig »Toi, toi, toi!«-SMS ein. Der Vollmond malt hässliche Schattenfratzen an die Wand mit einem Hirschgeweih.

»Ja«, sagt mein Vater ganz väterlich, »weil du improvisieren kannst. Wie ich. Als ich früher mit meiner Gitarre auf der Bühne stand, da habe ich immer geguckt, wann das Publikum mitging, und dann die Akkorde angepasst, und das kannst du auch.«

»Du hattest auch keinen Drehbuchautor«, murmelte ich.

Morgen würden wir mit 300 Mann in eine kleine Stadt einfallen und dort mit Übertragungswagen, Schnittmobilen und Wagen für Bühnentechnik den Marktplatz platt machen.

Der Drehbuchautor hatte mir schon ganz flotte Texte in den Mund geschrieben: »Seid ihr hier nicht auf der falschen Party?«, sollte ich zu ein paar Rockern auf Motorrädern sagen. Und: »Ab durch die Mitte!«

Ob das auch so gesagt werden müsse? »Nadürlisch! Und bidde nisch andors!«

»Aber so reden wir ja eigentlich nicht, oder? Ein bisschen mehr Sprechsprache wäre vielleicht auch nicht verkehrt?«, fragte ich vorsichtig nach.

»Wie reden Sie denn?«, fragte mein kreatives Gegenüber zurück, und ich wollte gerade über moderne Sprache im Wandel ausholen, als mein Kollege Heiko den Raum betrat, und fragte nur laut: »Hey, Heiko, bist du hier nicht auf der falschen Party?«

Drehbuch at its best: Ich hatte den Lambi unter den Drehbuchautoren erwischt. Änderungen: keine. Die Drehbuchbesprechungen gingen teilweise bis zwei Uhr morgens.

Ich lag trotzdem wach. Und fragte mich, ob ich ein Riesendepp sei. Und warum ich solche Selbstzweifel haben müsse.

Inzwischen sind elf Jahre vergangen, und ich wünschte, ich hätte mein junges Ich eine Runde besuchen gehen können. Dann hätte ich ihm gesagt: »Selbstzweifel sind super! Die sind spitze, denn die beflügeln dich. Die sind wie Elf-Zentimeter-High-Heels zu Super-Highwaist-Jeans – die retten dich nämlich, wenn die Hose so unter den Schultern sitzt, dass man sie nur mit den 1,08-Meter-Beinen von Ia Ostergren tragen kann. Selbstzweifel will man nicht besiegen, man hakt sich bei ihnen ein wie bei einem guten Freund unterm Regenschirm und läuft zusammen los. Mutig. Vielleicht mit der Angst im Nacken, aber die lässt man stehen.

Wer denkt, er kann alles, bleibt meistens unter seinen Möglichkeiten. Aber du hast dich aus Angst so gut vorbereitet, dass dir nichts passieren kann. Sie wird dich immer wieder begleiten, weil du noch so viel Neues ausprobieren wirst, was du dir heute noch gar nicht erträumst. Du wirst live schalten, wie andere Kaffee kochen, du wirst in Neu-Delhi und Dubai moderieren und immer wieder Dinge tun, die vor dir wie ein Berg liegen. Und wenn es nur der Flug ist. Aber du wirst es meistern. Weil du immer wieder mit tollen Menschen arbeiten wirst und weil du es kannst. Also, entspann dich, du könntest die Minibar leer trinken und würdest das schaffen. Ist kein Hexenwerk. Machen nur alle ein Riesengewese drum. Es ist ja auch keine OP am offenen Herzen. Es ist nur Fernsehen.«

Und mein junges Ich hätte vielleicht gesagt: »Okay, aber ich bin schon 27. Warum muss ich mich wie 15 fühlen? Ich habe die Phase, in der man sich fragt, ob man cool geht, cool steht, lässig raucht, richtig küsst und ob die Jeans noch sitzt, eigentlich längst hinter mir gelassen. Ich dachte, ich sei erwachsen. Wann kommt denn der Punkt, an dem ich souverän bin?«

Mein altes Ich hätte sich auf die Bettkante gesetzt, einen Arm um mich gelegt und gesagt: »Das erarbeitest du dir Stück für Stück, weil du so bist. Und das ist völlig okay. Den Trump machen kannst du nicht. Bist du nicht. Du kannst es lieber wirklich. Einfach machen. Viel Spaß!«

Was soll ich sagen? Nach der Live-Schalte kam mein Chef, klopfte mir auf die paillettenbesetzte Schulter von meinem Disco-Outfit und sagte: »Na, auch wenn Ihr Innenohr nicht funktioniert hat und die Kommunikation mit der Aufnahmeleitung leider auch gekappt war, war doch ein schöner Auftakt. Und jetzt gehen wir feiern! Zeit für die After-Show-Party!«

PS: Mein jüngeres Ich überlegt immer noch, ob ich das Kapitel nicht besser löschen sollte. Voll peinlich.
Mein altes Ich sagt dazu aber nur: »Nö. Heute nicht!«

Der Haushalt und ich

Heute nicht: Wollmäuseblues

Heute mache ich es: Ich klatsche den Perfektionismus an die Wand. Sollen die Wollmäuse doch Samba tanzen. Mir egal. Heute nicht. Eigentlich wollte ich gestern schon saugen, wischen und alle Spiegel polieren. Dann kamen mein Mann und die Kinder, und ich beglückwünschte mich innerlich, es nicht getan zu haben. Sonst stünde ich wieder da und könnte die Tatzen, Barthaare und Kalkspritzer wegwischen. Dann lieber gleich bleiben lassen, oder? Kommt ja eh keiner vorbei. Bis jetzt.

Während ich im Pyjama Kaffee trinke, piepst mein Handy. Es ist eine Freundin meiner Nachbarin, die ich neulich zwischen Türangel und Butterkuchen kennenlernte. Sabine. Ende 40, Vierfachmutter, tiefenentspannt, offen und lässig. So wie ich gerne mit Ende 40 wäre. Stand vor mir in einem weißen T-Shirt, löcherigen Jeans und Turnschuhen und erklärte mir, dass sie den Druck rausgenommen habe: »Ich habe mir überlegt, ich könnte jetzt joggen gehen und gegen die Schwimmringe anlaufen, oder ich setze mich mit meinem Mann vor ein Glas Rotwein. Das ist mir im Moment lieber. Und ich nehme mir Zeit für so tolle Begegnungen wie diese.«

Ich grinste sie make-up-frei an und war begeistert.

Der Blick aufs Handy jetzt erzwingt quasi noch mehr Entspanntheit: *Kann ich kurz vorbeischauen, und du signierst mir dein Buch? Ich werde es nachher verschenken.*

Das nennt man dann wohl: Praxistest! Normalerweise lege ich noch mal richtig los, bevor Besuch kommt. Selbst wenn ich am Vortag gesaugt habe. Es könnte ja irgendwo ein Fussel liegen, und das geht ja nicht. Die Waschbecken mache ich dann auch gleich noch mal mit. Und wenn ich schon dabei bin, auch noch die Spiegel. Und auf dem Küchentisch sind noch Schokoflecken! Wo kommen die Tatzen am Fenster her? Himmel! Jetzt aber schnell. Und dann – jeder kennt's – tritt man mit den Socken ins Nasse, flucht, will sie wechseln, und plötzlich sind wieder überall Fusseln. Das Gesetz der Anziehung. Gilt auch für Flusen.

Meine Freundin Inke kennt das auch. Sie ist genau so ein Freak wie ich. Neulich fragte ich sie: »Was ist besser? Vor Besuch fünf Stunden putzen oder fünfzehn Minuten schämen?« Wir guckten uns wissend an und sagten im Chor: »Fünf Stunden putzen!«

Warum wir Frauen das tun? Gute Frage! Weil wir uns davor fürchten, dass andere uns so sezieren, wie wir es tun? Obwohl man bei anderen immer viel gnädiger ist als mit sich selbst? Logisch ist das nicht. Denken wir, dass wir einen schlechten Eindruck machen, wenn andere Menschen erahnen, dass auch wir Bügelwäsche haben?

Kurz muss ich an meine Wohnung als junge Karriere-Mitt-20erin denken. Immer, wenn Mama zu Besuch kam, wurde noch mal extra poliert. Und auch, wenn sie es nicht offiziell gesagt hat, sie war doch froh, dass ich am Leben war und nicht an nachts auf meinem Gesicht sitzenden Wollmäusen erstickt bin. Wenn meine Mädels mal ausziehen, werde ich mich auch zu Tode sorgen, dass sie verhungern oder nur Schrott essen, sich bei Primark eindecken, anstatt zu waschen, und für immer auf der Toilette sitzen, weil keiner Toilettenpapier für sie einkauft. Ganz sicher.

Schnell checke ich noch einmal das Gästebad auf Equipment. Inke hätte jetzt noch mal das Waschbecken ausgewischt. Das macht sie nach jedem Händewaschen. »Die Kalkflecken, Anna! Dann wische ich lieber. Um dann später festzustellen, auch mein Sohn wäscht Hände – alles umsonst.«

Sind wir alle denn paranoid? Wenn Frauen Besuch bekommen, heißt das: Schnell Haare und Frühstückskrümel einsaugen, aufräumen, Waschbecken machen, schminken, schnell noch was bügeln. Wenn Männer Besuch bekommen, bekommen sie halt Besuch. Da wird weiter in die Glotze gestarrt, gezockt oder die letzte Mail bearbeitet, irgendwann klingelt's. Aber ich bin jetzt frei davon. Übe mich heute im Widerstand.

Meine Freundin Britta hat eine Putzfrau namens Britt. Bevor Britt kommt, putzt Britta noch mal durch, weil ihr der Staub und die Kalkablagerungen in der Dusche selbst vor Britt zu peinlich sind. Dafür bügelt Britt aber auch. Damit sie dann weiß, was sie glätten soll, schreibt Britta ihr liebevolle Zettelchen, positioniert das Bügelbrett schon einmal und stellt ihr meistens noch Schokolade hin. Somit ist die Britt-Vorbereitung häufig so aufwendig, dass sich ihr Freund am Britt-Vorabend gleich mit seiner Lieblingsserie statt mit Britta verabredet. Die Liebe zur Sauberkeit treibt manchmal seltsame Blüten bei Frauen.

Es klingelt. Sabine ist da. Und meine Wollmäuse und ich öffnen entspannt die Tür. Ich sehe sie noch vor mir, im T-Shirt in der Spätnachmittagssonne: »Wer kleine Kinder hat, schafft einfach nicht alles. Ich habe meine Prioritäten gesetzt. Dann war ich eben mal nicht perfekt geschminkt, oder auf der Bluse war halt ein Fleck. Das ist vollkommen okay in der Phase.«

Ich bin so lässig, fast möchte ich im Pyjama bleiben – schließlich öffne ich gleich einer Seelenschwester die Tür. »Hey, die Tür ist offen«, rufe ich von der Galerie, schließlich weiß sie ja, wie Kinder im Trennungsschmerz sind, und ich darf im Moment nicht mal von einem Raum in den anderen gehen ohne Protestgeheul.

»Hallo, ich habe mal meine Töchter mitgebracht!« Und da stehen sie alle. Perfekt geschminkt, gestylt, im Blazer mit hohen Schuhen. Ganz offiziell. Sie sind im Anschluss zu einer Firmenfeier eingeladen. Ich bin so erschrocken, dass ich fast über die Fransen meiner kaputten Jeans stolpere. Und fühle mich ertappt. Mit meinen Pigmentflecken. In meinem hübschen, aber inoffiziellen T-Shirt. Barfuß. Zwischen meinen Wollmäusen. Ich bin ohne Schild gekommen, und vor mir stehen offizielle Kampfamazonen. Die Töchter sind Anfang und Mitte 20 und bestehen nur aus Puder und Lippenstift. Genau wie ich vor zwölf Jahren.

Plötzlich werde ich nervös. Die Lässigkeit ist weg. Ich fühle mich wie eine Vogelscheuche, die so tut, als wäre sie Cinderella, damit es keiner merkt. Ich biete Kaffee an, um festzustellen, es ist keiner mehr da. Genau wie Mineralwasser. Theresa meldet Hunger an, und ich verbrenne den Haferflockeneierkuchen auf dem Herd. Sehen sie meine Wollmäuse und denken: Sie hat's ja mal gar nicht im Griff? Oder: Na ja, sie hat zwei Kinder, das ist dann halt so. Ich fange an Geschichten zu erzählen, der Entertainer gewinnt die Oberhand wie immer bei mir, wenn ich mich unwohl fühle. Bis Sabine sagt: »Anna, was ist los? Bist du gestresst?«

»Ja, von mir. Und meiner neuen Lässigkeit.« Ich muss selber lachen, gleichzeitig wird mein Kopf heiß. »Normalerweise sauge ich durch, bevor ich Besuch bekomme, räume noch mal auf, scann die Bude noch mal ab, schminke mich, was ich heute nicht geschafft habe …«

»Ja, das kenne ich. Aber was willst du hier noch wegsaugen oder aufräumen? Ich sehe ein wunderschönes Wohnzimmer mit offener Küche, sehr liebevoll eingerichtet, und man sieht, dass hier gelebt wird. Gespielt. Gekuschelt. Hier könnte auch *Schöner Wohnen* ein Fotoshooting machen. Und würde es absichtlich so lebendig lassen. Und Staub sehe ich nicht. Also entspann dich. Und jetzt schütt uns Leitungswasser in eure Nachtmann-Gläser, wenn du unbedingt etwas auf den Tisch stellen musst.«

Heute nicht: ausmisten

»Kommt rein!« Als ich Melanies Wohnung betrete, bin ich erst mal baff. Es ist ein Arbeitstreffen, und meine Kolleginnen und ich ziehen erst mal alle überbrav die Schuhe aus und schleichen sockfuß Richtung Küche. Warum wir nicht richtig auftreten, kann ich Ihnen nicht sagen. Die Wohnung scheint es irgendwie einzufordern. Alles ist weiß. Das mag ich eigentlich. Nur ist es schon fast zu weiß. Ich möchte fast sagen: steril. Ich hätte jetzt keine Schmerzen damit, mir hier im Notfall die Hand amputieren zu lassen, wenn mich draußen eine hochgiftige Gabunviper in Empfang genommen hätte. Zum Glück war das ja nicht der Fall, aber Sie wissen, was ich meine?

»Fühlt euch wie zu Hause! Ich bin mal eben in der Küche.«
Das altweiße Sofa wirkt so unbenutzt, dass sich keiner hinsetzen mag. Auf dem Tisch davor liegen akkurat die Fernbedienungen in einer Schale, sonst nichts. An den Wänden gähnende Leere.

»Ich gucke mal, ob ich helfen kann«, flüstere ich und schlüpfe weiter.

Melanie ist Single, die Wege sind kurz. Die Küche ist ebenfalls weiß, ein leerer Tresen schlängelt sich zu einem Esstisch, auf dem für jede Kollegin ein Suppenteller auf einem Unterteller steht. Daneben ein Löffel. Sonst – genau – nichts. Es gibt weder Gewürze, Geschirrtücher oder einen Messerblock noch Windlichter, Zeitschriften oder Kochbücher. Nur auf dem Herd steht ein weißer Topf mit einer Kürbissuppe. Die duftet und hat sogar etwas Farbe. Orange, denke ich. Wow. An den Wänden hängen zwei schwarz-weiße Kunstdrucke. Selten habe ich mich so auf eine warme Suppe gefreut, aber so richtig warm soll mir den ganzen Abend nicht werden.

»Ich bin ja jetzt dem Minimalismus verfallen. Ich räume regelmäßig alles durch, schmeiße weg, kaufe nur, was ich wirklich brauche. Ihr seht es ja. Für diesen Massenkonsum, den ich früher betrieben habe, schäme ich mich heute.«

»Ich bin total bei dir!«, ruft Sandra, die gerade erst wieder bei Stylebop im Sale fünf verschiedene Stiefeletten bestellt hat. (»Ich nehme die ja nicht alle. Ich beschränke mich auf ein neues Paar pro Saison.«)

»Ja, nachdem mein Ex-Mann ein Fehlgriff war, habe ich radikal aufgeräumt. Ich habe mir die Haare abgeschnitten, habe jegliche hormonell verändernde Kosmetik weggeschmissen, lebe vegan, habe den Großteil meiner Klamotten, Möbel, Bücher und Deko aussortiert und lebe jetzt ohne großen Ballast. Ich fühle mich total erleichtert.«

Allerdings hat sie sich auch um etwas Persönlichkeit erleichtert, denke ich. Alles etwas blass. Keine Bilder ihrer Liebsten, keine Vorlieben, kein Spleen.

Meine Patentante Moni sammelte zu Lebzeiten Eulen. Kleine, große, aus Speckstein, Keramik oder Ton. Sie standen überall in ihrem Lübecker Altstadthaus auf Kaminsimsen, in der Küche, auf Vorsprüngen. Das konnte man verrückt finden. Aber man wusste immer, was man ihr schenken konnte. Was ihr Herz erwärmte. Wie sie sich vielleicht auch selber sah. Als Hüterin der Nacht voller Weisheit, einsichtig und intuitiv. Inzwischen ist sie schon lange tot, aber an ihre Eulen denke ich heute noch.

Bei Melanie gibt es Weiß. Und nichts. Es liegt nichts rum. Nichts, was auf eine Leidenschaft hindeutet. Auf ein Hobby. Eine Vergangenheit. Irgendein Interesse. Wahrscheinlich könnte man ihr ein Buch übers Aufräumen schenken. *Magic Cleaning 2*. Einziger Haken: Wahrscheinlich schmeißt sie es nach der Lektüre weg, weil es nicht mehr ins entschlackte Regal passt. Ich überlege kurz, wie es wäre, so zu wohnen. Ohne bunte Kissen und Kuscheldecken, ohne Fotos von Omi Silvi, die nicht mehr bei uns ist, ohne Bildergalerie unserer Urlaube und Familienanlässe, den 599 Architekturbänden meines Mannes, meinen Schaltüchern für alle Gelegenheiten, die sich teilweise nie ergeben werden. Ohne Brio-Eisenbahn, Schleich-Pferde und Puppengeschirrsammlung. Bei uns wäre ein solches Ausmisten so redundant wie ein Zweijahresabo bei Parship. Weiß ja schließlich jeder, dass man sich dort alle elf Minuten verliebt. Wer kauft dann 525 600 davon? Meine Familie wäre vermutlich erst beleidigt, würde erst mal mich aussortieren und dann shoppen gehen. Perfekte Ordnung würde vermutlich bedeuten, alle Familienmitglieder an der Autobahn auszusetzen und wieder als Single zu leben. Schrecklich.

Zugegeben, seit Tagen will ich meinen Sekretär aufräumen, die Schränke ausmisten, Pullover und Jeans aussortieren und die Lebensmittel in der Küche durchgehen. Irgendwann werde ich es auch tun, ganz sicher sogar. Aber so eine Radikalkur? Vielleicht muss man es spiritueller angehen: Seine ganze Schöpferkraft zusammennehmen, erst meditieren, einmal die

Chakren öffnen und dann im osmotischen Räucherstäbchen-
nebel vor sich hin murmeln: »Ich bin der Gestalter meines eigenen Ordnungsschicksals.« Gelingt mir nur nicht. Bin nicht
spirituell. Wobei ich Räucherstäbchen phasenweise nicht übel
finde. Zimt zum Beispiel.

»Konsum ist ein Kulturersatz, hmmgg (französischer Nach-
klang)«, hat Karl Lagerfeld mal gesagt. Ist Melanie jetzt cleve-
rer als wir und hat sich ihre eigene Minimalismus-Kultur erschaffen? Oder ist nichts immer noch nichts und sie die
Tchibo-Jacke von morgen? Ist es mentale Stärke, sich von
überflüssigem Tand fernzuhalten? Weil uns der Mangel am
Mangel total reizüberflutet und aggressiv-unkonzentriert
macht? Oder ist es schlichtweg unkreativ und seelenlos? Sie
merken, es wird philosophisch. Und dazu fällt mir eine Anek-
dote ein: Johanna sagte jedes Mal, wenn sie in eine neue Wohnung von mir in meinen 20ern kam, als ich noch beruflicher
Nomade war: »Das sieht so nach Anna aus.«
Jedes Mal fragte ich dann: »Inwiefern eigentlich?«
Und sie sagte immer: »Keine Ahnung. Es ist die Art, wie du
wohnst. Es ist sehr persönlich. Ein bisschen wie bei Carrie aus
Sex and the City. Eben du.«
Das fand ich vollkommen okay, zumal ich ja ohnehin passiv
auf der Suche nach Mr. Big war.
Bei Melanie hätte Johanna mit ihrer gewohnt diplomatischen
Art vermutlich gesagt: »Es ist sehr aufgeräumt. Ein bisschen
aussortiert. Offenbar du.«
Als krönenden Abschluss zeigt Minimalismus-Melanie uns so-
gar noch ihr neues Schlafzimmer. Dort steht: ein Bett für eine
Person. 90 mal 200 Zentimeter. Kein Scherz. Mit weißer Ta-
gesdecke. Ein weißer Nachttisch. Restliches Interieur, Sie ah-
nen es, nichts. Kein Stuhl, auf den man immer die Klamotten
wirft, die dann irgendwann miteinander zu einer symbioti-

schen Einheit verwachsen, die man nicht mehr sieht und dann ständig diese eine Hose sucht. Kein Spiegel. Kein Schminktisch. Keine Fotos in Silberrahmen. Eine Wandseite ist natürlich Schrank.

»Und wenn du mal wieder jemanden kennenlernst, der kein Fehlgriff sein könnte?«, frage ich zögernd. »Der könnte ja denken, du willst keine Gesellschaft mehr in diesem Leben.«

»Das ist dann sein Problem, nicht meins.« Melanie lacht. »Mal davon abgesehen: Männer braucht kein Mensch. Die machen nur Unordnung und hinterlassen Bartstoppeln im Waschbecken. Ich war gerade erst im Urlaub in einem einsamen Haus in Norwegen. Manchmal habe ich beim Bäcker meine Nachbarn getroffen. Was soll ich euch sagen? Die Paare haben sich gestritten. Ich mich nicht. Die gingen alle ab wie ein Rudel Erstklässler auf zwei Kisten Fanta. Und dort gab es in unmittelbarer Nähe nichts: keine Autos, keine Läden, kein Entertainment. Ich war selten so entspannt.«

»Wo war das?«, frage ich ehrfurchtsvoll wie geschockt.

»Fordyoningsrommet Fleinvaer.«

»Aaah ja.«

Vor meinem inneren Auge stelle ich mir vor, ich hätte Melanies Traumurlaub antreten müssen. Ich hätte vermutlich irgendwann Selbstgespräche und ein Erlebnistagebuch geführt und schließlich die nächste Selbsthilfegruppe für Depressive in Fordyoningsrommet Fleinvaer gegoogelt. Dann doch lieber feinmelodischer Kinderstreit, die liebevollen Arbeitshäufchen meines Mannes und mir und Pläneschmieden unterm Sternenhimmel mit einem geschwenkten Glas Wein.

Die Suppe ist weggelöffelt, die Teller wieder weiß, alle Worte sind gesprochen. Sandra schließt mit: »Morgen fange ich auch mit dem Aufräumen an. Vielleicht nur etwas gemäßigter.«

Und Melanie streicht sich durch die Igelfrisur, räuspert sich, grinst und sagt: »Das ist alles ein Prozess. Aber mach es achtsam und nicht so, wie du Schuhe bestellst!«

Ich stehe in meinem Auto an einer roten Ampel und schaue mich um: Kinderspielzeug auf den Rücksitzen, die Schnuffeltücher der Kleinen, die Schleich-Pferde der Großen, eine leere Flasche der Lieblingslimo meines Mannes in der Mittelkonsole, Reste von einem Notbrötchen im Kindersitz, ein Manuskript sitzt neben mir statt eines Beifahrers, Feuchttücher in den Seitentüren. Das ist mein Leben gerade: etwas chaotisch. Oft improvisiert. Manchmal unübersichtlich. Ein bisschen krümelig. Aber sehr bunt. Und ich finde es verdammt gut. Die Ampel wechselt auf Grün. Cardi B rappt »I like it« aus dem Lautsprecher.

Heute nicht: selber machen

Mach es dir doch selbst – aber bitte lass mich es kaufen! Seit ich Mama bin, stehe ich unter Druck. Der heißt DIY. Und für alle, die nicht ständig Kissen nähen, Torten über mehrere Ebenen mit Einhörnern drauf backen und Hermine-Granger-Outfits nähen, das heißt »Do it yourself«. Gefühlt fing es auch ganz harmlos an: Ich ging mit Karlotta und einem Selbstbaukasten-Lampion zum Laternenumzug – Modell »Drache« zum Zusammenleimen. Das fand ich schon fast zu viel, denn das war kurz vor Laternen-Doktorarbeit. Aber dann kamen die anderen Mütter mit Kugelfischkunstwerken und Astronautenscheinwerfern, und ich empfand unseren Drachen doch eher als kleines Licht. Nicht mal die hellste Kerze auf der Rabimmel-

Rabammel-Torte, da ich meinem sechsjährigen Fast-Schulkind tatsächlich ein echtes Teelicht zugetraut hatte. Der Rest kam mit Flackerstäben und Kunstlichtern mit Farbwechsel. Dann noch die Frage: »Hat das weinende Kind da drüben denn keine Laterne?« Was war passiert? Drache in Auflösung, Flügel abgefallen, Größe geschrumpft, Teelicht am eigenen Wachs erstickt. Das »Mamaaaaa!« gellt mir heute noch durch den Gehörgang. Seitdem sind ein paar Jahre vergangen, aber es ist schlimmer geworden mit dem Selbermachen: Faschingskostüme müssen genäht, für Geburtstage muss gebacken und für den HWS-Unterricht (Heimat-, Welt- und Sachkunde) müssen am besten Eichhörnchen persönlich erlegt werden. Okay, das vielleicht noch nicht. Aber ein paar Tonnen Eicheln sammeln ist ja wohl drin. Zugegeben, das ist bei uns kein Problem, wir wohnen ja an einem 300 Jahre alten Eichenknick. Manchmal wundert es mich fast, dass die Tiere überhaupt noch beim Förster vorbeischauen und nicht gleich zu uns kommen. Nur: Wer sammelt denn das ganze Zeug, wenn Kind eins und zwei das Spiel »Eicheln aufklauben« irgendwann langweilig finden? Und wenn der Förster durch ist, müssen schon bald Adventsgestecke für die Schule gebastelt und Holzengel für den Weihnachtsbasar gesägt werden. Nach dem Adventskalender ist ja erst mal Pause, aber dann wollen alle wieder Eier ausblasen, worauf bald das Kostümnähen für Halloween schon wieder naht. Dazwischen kann man ja noch super Mandala-Kissen, Gardinen und Dekolampen basteln. Können Sie noch? Ich nicht.

Ich backe ja prinzipiell gerne, sogar bio, gluten-, zucker- und spaßfrei oder mit allem drin, wenn es sein muss. Trotzdem werde ich den Tag nicht vergessen, als ich nach einem langen Drehtag in München am Hamburger Flughafen stehe, die WhatsApp-Elterngruppe aufploppt und fordert: *Ich hoffe, ihr steht alle in der Küche und denkt an den Kuchenbasar, ihr Lieben!* In Panik also schnell einen Kuchen gekauft und zu Hause gegen die Wand geklatscht.

»Leidest du an Tollwut?«, fragt mich Jenz.

»Nein, der muss doch selbst gemacht aussehen!«, war meine knappe Antwort. Dann noch etwas unbeholfen Zuckerguss drüber, Not-Smarties draufgeworfen und nach Mitternacht ins Bett.

Mein Mann lacht nur und sagt kopfschüttelnd: »Für die Kinder brauchst du das doch nicht zu machen.«

Und ich: »Natürlich, weiß ich. Ist für die Mütter.« Wann machen die das alles bloß? Und: Haben die Spaß dabei, frage ich mich? Offenbar ja.

Meine Freundin Julia graviert ihre Gläser und gießt ihre eigenen Kerzen mit Menüvorschlägen und dekoriert je nach Saison und Anlass um. Sie tapeziert ihre Flurwände mit Rock-'n'-Roll-Postern und Totenköpfen und illuminiert alte Gitarren, die sie als Lampen an die Wände hängt. Es ist eine Form der Selbstverwirklichung, der selbstgegossene Beweis der eigenen Existenz und Schaffenskraft, der Individualisierung. Und bei ihr finde ich das vollkommen okay, sogar richtig gut, weil alles aus einem Guss ist und weil sie mich nie unter Druck setzen würde, so was auch zu tun.

Wenn es aber über die Kinder geht, hört ja der Spaß auf. Da kommt dann wieder das schlechte Gewissen vorbei, guckt auf die teure Patchworkdecke und sagt: »Ja, ja, von dem Geld kaufen andere Mütter 50 Wollknäuel, setzen sich an den selbst gezimmerten Webstuhl und machen daraus Decken für sich und ganze Online-Marktplätze.« Ich kann dazu nur sagen: Fein, individualisiert euch doch. Ich gehe lieber in der Masse unter und unterstütze fleißig geschmackvolle Dienstleistungen. Und bastele nur hier und da mal ein paar Gedanken zu

Sätzen zusammen – und davon habt ihr alle was. Man muss auch mal das große Ganze sehen und nicht nur das nächste Mandala-Kissen. So, Schwestern, und jetzt wieder zurück mit euch an die Nähmaschinen.

Die letzten Seiten

Heute nicht: die letzten Seiten schreiben

Ich bin leicht angefressen. Die letzten Seiten wollen einfach nicht. Entweder ich klebe am Kühlschrank und weiß nicht, was ich noch essen soll, die sozialen Medien verlangen meine volle Aufmerksamkeit, oder die Kinder wollen irgendwas. Dann ruft Jenz an und sagt: »Übrigens, meine Eltern kommen morgen.« Und was mache ich? Fange an zu putzen.

Nein, kein Rückschritt, in dem Fall war mir das dann doch eine gelungene und sinnvolle Abwechslung. Während ich über das Porzellan des Waschbeckens streife, muss ich kurz an ein Interview denken, über das ich neulich in der *Süddeutschen* gestolpert bin. Nicole Karafyllis, Professorin für Philosophie an der TU Braunschweig, ist das Thema mal wissenschaftlich angegangen. Sie findet, »das Problem ist, dass beim Putzen nichts entsteht, so wie beim Gemüseanbau oder beim Stricken«. Dabei ermöglicht uns »das Selberputzen eine der wenigen Pausen von diesem Dauernd-produktiv-sein-Müssen. Selbst das Kochen ist ja schon normativ aufgeladen, man darf fast gar nicht mehr Spaghetti kochen, weil es [...] einen als unkreativ auszeichnet.« Sie schlägt vor, Putzen als Meditation zu begreifen, immerhin müsse man die Dinge, die einen umgeben, alle regelmäßig anfassen. Ist ja kurz vor Achtsamkeit. Nur guckt eben nicht der Nachbar mit Stielaugen über den

Jägerzaun und bemerkt voller Anerkennung: »Na, des is ja 'n schickes Beet geworden. Und der vertikutierte Vorgarten ist ja kurz vor Golfrasen – Respekt!« Putzen bringt halt nichts hervor.

Außerdem differenziert die Professorin zwischen Männern und Frauen: Männer gehen ja gerne los und kaufen Spezialmittel, Kärcher-Hochdruckreiniger oder technische Leistungswunder wie Vorwerksauger. Und mit dem schweren Gerät sind sie dann am Ende sogar gründlicher als Frauen – statistisch. Letztes halte ich für ein Gerücht – ansonsten kann ich nur grinsend nicken.

Letzten Endes muss man sagen: Der Frühling kommt, und selbst die wütigsten Putzmuttis empfinden dann alle so wie meine Freundin Annette: »Die Sonne scheint, und meine Fenster sehen so dreckig aus, wie sie niemals im Winter waren. Mein Kleiderschrank ist voll, und ich habe nichts anzuziehen, mein Auto ist ein fahrender Mülleimer, meine Bikinifigur nicht in Sicht, und mein Kopf gehört ja wohl nachweislich auch entschlackt. Und: Wann soll ich denn Teppiche reinigen, Matratzen umdrehen und Türklinken abwaschen? Wenn die Kinder gegessen haben und ins Bad zum Händewaschen rennen?«

»Weißt du was?«, antworte ich und lächle die Fenster an: »Vielleicht zeigt uns das aber auch einfach, dass wir am Leben sind. Wir atmen, verlieren hier und da Hautschuppen, Haare, Herz und Kopf. Und so ist es nun mal. Wann wir mit dem inneren Schweinehund kooperieren und wann wir ihn an der Leine laufen lassen – das muss jeder selber wissen. Allerdings sollte es unbedingt Spaß machen. Wie wäre es, wenn wir deine Fenster links liegen lassen und Spaghetti-Eis essen gehen?«

Dank geht an ...

... Johanna, Julia, Freddy, Marijana, Lars, Britta, Ellen, Inke, Sonja, Ulrike, Caro, Kim, Petermann, Doro, Sascha, Rainer, Kristina, Franzi, MP Daniel, Alex, Rotraud, Daniela, Edda, Hanne, Jörg, Sabine & Birthe

... Papa, Ingrid & Jacques fürs »Korrekturlesen«

... meine Töchter Karlotta und Theresa und meinen Mann Jenz, die immer alles mitmachen und mich ertragen, wenn ich nur in meinem Kopf unterwegs bin

... Michael Kneissler, Ariane Novel, Lianne Kolf und diesen Moment im Berliner Literaturkaffee, als »Heute nicht« geboren wurde

Quellen

Mein Kopf und ich
Heute nicht: es allen recht machen
https://www.spiegel.de/panorama/eltern-durch-kinder-
vom-ego-befreit-a-1180495.html
Zitat Luciano De Crescenzo: »Weißt du, wir sind alle gleich.
Ab und zu gibt es mal einen Hitler, aber eigentlich sind wir
alle gleich.«

Mein Herz und ich
Heute nicht: business as usual in der Liebe
https://wiki.yoga-vidya.de/Romantische_Liebe
Zitat: »Eine romantische Liebe war eine Beziehung, die die
Zwänge der Tradition, der Vernunft und der wirtschaftlichen Notwendigkeit überwindet und auf unbändiger Liebe
beruht. Gerne wurde zum Heraufbeschwören der intensiven
Gefühle Atmosphärisches genommen wie ein verwunschenes Schloss, blühende Landschaften, eine Nacht im Mondschein.«

Meine Familie und ich
Heute nicht: sich dem Kinderleistungsdruck beugen
Erich Kästner, Spruch für die Silvesternacht, aus: Doktor
Erich Kästners lyrische Hausapotheke © Atrium Verlag AG,
Zürich 1936 und Thomas Kästner
Zitat Kästner: Gedicht »Spruch für die Silvesternacht«

Mein Job und ich
Heute nicht: fleißig sein
https://arbeits-abc.de/gluecklichere-menschen-sind-erfolg-reicher
Zitat Shawn Achor: »Die meisten Menschen gehen davon aus, dass sie durch harte Arbeit erfolgreich werden und durch den Erfolg glücklich. Dabei verhält es sich genau umgekehrt: Wer weniger arbeitet, ist glücklicher, und wer glücklicher ist, wird automatisch erfolgreicher.«

Die letzten Seiten
Heute nicht: die letzten Seiten schreiben
https://sz-magazin.sueddeutsche.de/leben-und-gesellschaft/putzen-ist-wie-meditation-81431
Zitat Nicole Karafyllis: Sie findet, »das Problem ist, dass beim Putzen nichts entsteht, so wie beim Gemüseanbau oder beim Stricken«. Dabei ermöglicht uns »das Selberputzen eine der wenigen Pausen von diesem Dauernd-produktiv-sein-Müssen. Selbst das Kochen ist ja schon normativ aufgeladen, man darf fast gar nicht mehr Spaghetti kochen, weil es [...] einen als unkreativ auszeichnet.«

ANNA FUNCK
EGAL, ICH ESS DAS JETZT!

Mein Jahr mit grünen Smoothies, Superfoods und anderen bekloppten Ernährungstrends

Alles einmal durchgekaut

Eigentlich wollte sich Anna Funck vom Ernährungswahn nicht verrückt machen lassen. Als ihr aber auffällt, dass sie sich nach manchem Essen schlapp fühlt, will sie so gesund wie möglich leben. Die Moderatorin und Mutter von zwei Kindern beginnt, alles auszuprobieren: von Paleo über Low Carb bis hin zu Superfoods. Auf grüne Smoothies möchte sie schon bald nicht mehr verzichten, doch als sie ihrer Familie Zucchini-Spaghetti auftischt, heißt es nur: »Mama, die Nudeln sind kaputt!«

»Mit einer Riesenportion Humor und Selbstironie, ohne erhobenen Zeigefinger, futtert sich Anna Funck durch alle Ernährungstrends. Und wer will, lernt dabei etwas – der Rest amüsiert sich einfach. Angenehm unperfekt.«
Vanessa Blumhagen, Bestseller-Autorin
und SAT.1-Moderatorin